BLAUE
REIHE

D1703260

Weiterführend empfehlen wir:

New Work: Menschlich – demokratisch – agil
ISBN 978-3-96186-016-6

Personenentwicklung in Sozialunternehmen
ISBN 978-3-8029-5487-0

Digitale (R)Evolution in Sozialen Unternehmen
ISBN 978-3-8029-5482-5

Datenschutz und Schweigepflicht in der Sozialen Arbeit
ISBN 978-3-8029-7580-6

Apollonio · Kletzl · Wächter

DIGITALE ARBEITSWELTEN VON HELFENDEN BERUFEN

Notwendige Skills und Kompetenzen für eine zukunftsgewandte Arbeit in sozialen Unternehmen

Bibliografische Information der Deutschen Nationalbibliothek

Die Deutsche Nationalbibliothek verzeichnet diese Publikation in der Deutschen Nationalbibliografie; detaillierte bibliografische Daten sind im Internet über http://dnb.de abrufbar.

Zitiervorschlag:

Apollonio/Kletzl/Wächter: Digitale Arbeitselten von helfenden Berufen,
Walhalla Fachverlag, Regensburg 2020

Herausgeber der BLAUEN REIHE sind:

- Prof. Dr. Paul Brandl, Fachhochschule Oberösterreich
- Prof. Dr. Astrid Herold-Majumdar, Hochschule für angewandte Wissenschaften München
- Prof. Dr. Thomas Prinz, Fachhochschule Oberösterreich
- Prof. Dr. Klaus Schellberg, Evangelische Hochschule Nürnberg
- Prof. Dr. Armin Schneider, Hochschule Koblenz

Weitere Infos zum Herausgeber-Team und zur BLAUEN REIHE finden Sie unter:
www.fokus-sozialmanagement.de

Produktion: Walhalla Fachverlag, 93042 Regensburg
Umschlaggestaltung: grubergrafik, Augsburg
Printed in Germany
ISBN 978-3-8029-5490-0

SBL-SDK-0720-26735-POD

Inhaltsverzeichnis

Abbildungsverzeichnis

Vorwort

Epe schreibt, wie es ist: *„Wer es bislang noch nicht verstanden hat, dass sich die Welt verändert, dem ist kaum noch zu helfen."*[1]

Mit diesen recht drastischen und doch prägnanten Worten spricht er den digitalen Wandel an. Die Digitalisierung scheint allgegenwärtig. In Zug und Straßenbahn hat nahezu jeder Fahrende sein Smartphone in der Hand, liest, tippt oder wischt. Kein Fachkongress, keine Weiterbildung und kein Expertentalk, der nicht einen digitalen Schwerpunkt setzt.

Dabei ergeben sich viele Fragen: Was braucht es, um mit der Digitalisierung gut umgehen zu können? Wo liegen die Anknüpfungspunkte zur Sozialen Arbeit und welche Konsequenzen haben diese? Welche Kompetenzen sind daher von Sozialarbeiter*innen gefragt?

Um diese Fragen empirisch beantworten zu können, wurde als Outcome eines Digitalisierungsprojektes von B7 Arbeit und Leben, einem österreichischen Sozialen Unternehmen, ein Forschungsprojekt initiiert. Dieses Forschungsprojekt wurde von Studierenden im Bachelor Soziale Arbeit am Campus Linz der Fachhochschule Oberösterreich von März 2018 bis Juni 2019 durchgeführt. Für die Dauer von drei Semestern setzten sich die Studierenden mit dem Themenfeld der digitalen Kompetenzen auseinander und erarbeiteten eine Studie, deren Daten die Grundlage dieses Buches darstellen.

Während des Schreibens an diesem Buch wurden gesellschaftliche Abläufe durch die Corona-Pandemie einer starken Veränderung unterzogen. So auch der Arbeitsalltag von Sozialarbeiter*innen. Viele verlegten ihren Arbeitsplatz ins Home-Office oder mussten ihre digitalen Kompetenzen (weiter-)entwickeln um mit ihren Klient*innen kommunizieren zu können. Durch die Spontanität dieser Veränderung wurde vielen Sozialarbeiter*innen bewusst, wie viele digitale Fähigkeiten sie bereits besitzen bzw. sie sich in kurzer Zeit aneignen können. Das bestärkt uns darin, den digitalen Transfer noch mehr in die Praxis Sozialer Arbeit zu tragen.

Lisa Apollonio,
Helene Kletzl,
Bettina Wächter,
im Juni 2020

[1] Epe (2019), S. 12

Dankesworte

Das Schreiben des Buches war eine sehr intensive Zeit. Wir danken unseren Partnern und Familien für ihre Unterstützung in dieser Zeit. Den Studierenden danken wir für die erfolgreiche Abwicklung des Forschungsprojektes und den Sozialarbeiter*innen für den Einblick in ihre Arbeitswelten.

1. Einleitung

„Ich habe diesen Beruf gewählt, weil ich mit Menschen arbeiten will und nicht mit Computern". Diese oder ähnliche Aussagen treten immer wieder im Zusammenhang mit dem Thema Digitalisierung und Soziale Arbeit auf.[2] Betrachtet man diese Thematik näher, wird ersichtlich, dass – auch bereits vor „Corona" – die Digitalisierung schon längst Einzug in die Beratung, Betreuung und Begleitung von Klient*innen genommen hat. Die Digitalisierung wirkt schon seit einigen Jahren auf die Soziale Arbeit und hat diese, meist im Verborgenen, wesentlich verändert.[3] Diese Veränderung lässt sich auf zwei Ebenen beobachten. Auf der einen Seite hat sich die Kommunikation durch die Nutzung von Alltagsmedien mit den Klient*innen aber auch mit anderen Fachkräften und Fördergeber*innen gewandelt. Auf der anderen Seite wird immer mehr fachspezifische Software in den Organisationen eingesetzt.[4]

Erst seit den 2010er Jahren findet die Digitalisierung verstärkt Platz in den gesellschaftspolitischen Diskussionen. Dies macht sich besonders auch in der Anzahl von publizierten Studien, Büchern oder Artikeln zur Thematik „Soziale Arbeit und Digitalisierung" in den letzten Jahren bemerkbar.[5] Daraus wird ersichtlich, dass Digitalisierung heutzutage nicht mehr die reine Umwandlung von analogen Signalen oder Dokumenten in einen computerverarbeiteten Binärcode bedeutet. Der Begriff Digitalisierung ist weiter zu denken und sollte als gesellschaftlicher Transformationsprozess verstanden werden[6], welcher deutlich tiefer in die Lebensbereiche aller Menschen eingreift und somit eine digitale Welt hervorruft.

Somit stellt sich nicht die Frage, ob eine Digitalisierung in der Sozialen Arbeit existiert. Sondern vielmehr sollte danach gefragt werden, wie sich der digitale Wandel zum einen auf die Lebenswelt der Klient*innen, aber auch auf die Arbeit in sozialen Organisationen auswirkt und zum anderen wie sich die Sozialarbeiter*innen auf die digitalen Möglichkeiten und Anforderungen ihrer Arbeit vorbereiten können. Gesellschaftliche Veränderungsprozesse waren seit jeher Teil der Professionsgeschichte der Sozialen Arbeit, die Digitalisierung

---

2 Degenhard (2018), S. 259

3 Ley/Seelmeyer (2018), S. 25

4 Stüwe/Ermel (2019b), S. 8

5 Stüwe/Ermel (2019), S. 10 ff.

6 Kreidenweis (2018b), S. 7

sollte daher nicht als Bedrohung für die Soziale Arbeit wahrgenommen werden, sondern als Entwicklungsprozess der Profession. Die Soziale Arbeit war und ist einem ständigen Wandel unterlegen.[7] Die Fähigkeit, sich auf Veränderungen im Arbeitsfeld einzustellen, zeichnet schon immer die Profession der Sozialen Arbeit aus. Besonders wichtig ist in diesem Zusammenhang die professionelle Reflexion und die Reflexion der eigenen Rolle in gesellschaftlichen Veränderungsprozessen.[8] Diese digitale Welt stellt einen neuen sozialen Raum dar, in welchem die Soziale Arbeit ihre Position finden muss.[9]

Basierend auf den Daten einer Studie an der Fachhochschule Oberösterreich, Campus Linz, Bachelorstudiengang Soziale Arbeit, versucht dieses Buch sowohl einen Überblick zum Ist-Stand zu dieser Thematik zu geben als auch zu beschreiben, mit welchen Herausforderungen die Soziale Arbeit durch die Digitalisierung konfrontiert ist. Die Daten der Untersuchung wurden Ende 2018 erhoben, ein erster kurzer Einblick erschien im Sommer 2019 im – der Lehrveranstaltung zugehörigen – Forschungsbericht. Diese Daten werden im Folgenden tiefergehend analysiert und mit Erkenntnissen aus Erhebungen anderer Studien bzw. Veröffentlichungen in Verbindung gebracht. Damit soll Ihnen ein möglichst breiter Einblick in den aktuellen Reifegrad der Digitalisierung der Sozialen Arbeit ermöglicht werden. Uns ist dabei sehr bewusst, dass dieser nicht vollständig sein kann, da die Digitalisierung so weitreichend und umfassend ist, viele Sachverhalte ungeklärt sind und die Digitalisierung selbst einem stetigen Wandel, einer technischen und gesellschaftlichen Entwicklung unterliegt.

Beginnend mit den digitalen Arbeitswelten von Sozialarbeiter*innen wird auf die Veränderungen durch die Digitalisierung (Kapitel 3.1) sowie auf die benötigten digitalen Kompetenzen im Berufsfeld der Sozialarbeiter*innen (Kapitel 3.2) Bezug genommen. Die Digitalisierung und besonders die digitalen Medien haben die Arbeitsweise wesentlich verändert. Hier werden sowohl erleichternde als auch erschwerende Faktoren für die Soziale Arbeit beschrieben. Ein Ergebnis gleich vorweg: Die Digitalisierung wird nicht als rein gut oder schlecht wahrgenommen. Die Ergebnisse der Studie zeigen vielmehr, dass die Digitalisierung vielschichtig auf den Arbeitsbereich

7 Wendt (2008), S. 1

8 Stüwe/Ermel (2019), S. 72

9 Stüwe/Ermel (2019), S. 5

der Sozialarbeiter*innen wirkt. So sehen die Sozialarbeiter*innen einerseits eine enorme Steigerung der Arbeitseffizienz, andererseits aber auch einen erhöhten Zeit- und Arbeitsaufwand durch die Digitalisierung. So bieten digitale Dokumentationsmöglichkeiten mehr Transparenz, Übersicht und Struktur für eine verantwortungsbewusste Arbeit, zugleich schränken sie aber die sozialarbeiterischen Entscheidungs- und Gestaltungsmöglichkeiten ein. Insbesondere der Datenschutz und die Einführung der europaweit geltenden Datenschutzgrundverordnung (DSGVO) führen zu einem höheren Bewusstsein bezüglich des Schutzgutes „personenbezogener Daten von Klient*innen"; gleichzeitig erschweren die datenschutzrechtlichen Bestimmungen aber auch die alltägliche Arbeit der Sozialarbeiter*innen und stellen sie besonders in Bezug digitalisierter Kommunikationswege vor neue unbeantwortete Fragen.

Mit der Digitalisierung geht auch eine Entmaterialisierung der Gesellschaft einher. Dies kann durchaus wörtlich gesehen werden, denn analoge Produkte wie Bilder, Schallplatten, Bücher, Schlüssel oder auch Geld sind längst Teil der digitalen Welt geworden.[10] Die Digitalisierung ist mitten in der Gesellschaft angekommen (Kapitel 4). Aktiv merkt man es kaum, aber die Digitalisierung umfasst beinahe alle Lebensbereiche eines Menschen. Das Handy dient als Wecker am Morgen, als Busfahrplan oder Navigationssystem, um zu anderen Orten zu gelangen, als Rezeptbuch zum Kochen des Mittagessens, zur Zählung der gegangenen Schritte am Tag, als Kamera, als Fernseher, als Kommunikationsmittel, ... die Liste könnte endlos lang fortgesetzt werden; das Smartphone als bester*e Freund*in im Alltag – allzeit bereit, um uns in jeglicher Situation zu unterstützen. Mit diesem Internet der Dinge findet folglich eine Verschmelzung von realer und virtueller Welt statt.[11] Durch diese Verschmelzung entstehen neue Lebenswelten und damit neue Themen für die Beratung, Begleitung und Betreuung von Klient*innen. Daher stellt sich die Frage, was beschäftigt die Klient*innen aktuell? Mit welchen Anliegen kommen sie in die Beratung? Und wie kann ich als Sozialarbeiter*in adäquat darauf reagieren? In Kapitel 4.3 stellen wir mögliche Themen, welche in der Beratung auftauchen könnten, dar.

[10] Kreidenweis (2018c)
[11] Leinweber/Kochta (2017), S. 3

„Eine erfolgreiche digitale Transformation steht und fällt mit dem Entwickeln und Vorhandensein digital kompetenter [Mitarbeitender], die alle gemeinsam an einer digital-agilen Unternehmenskultur mit[wirken]"[12]. Auch etwa vier Fünftel der befragten Sozialarbeiter*innen sind der Meinung, dass digitale Kompetenzen relevant für die tägliche Arbeit der Sozialen Arbeit sind. Hier stellt sich jedoch die Frage, was ist überhaupt ein digital kompetenter Mitarbeiter, eine digital kompetente Mitarbeiterin? Welche Kompetenzen muss sie oder er mitbringen bzw. erlernen, um digital aktiv in der sozialarbeiterischen Arbeit mitwirken zu können? Laut der befragten Fachkräfte basieren deren vorhandene digitale Kompetenzen zumeist auf autodidaktischen Aneignungsprozessen. Studium oder Weiterbildungen im Berufsleben nehmen hier noch keinen großen Platz ein. Dieses Buch unternimmt den Versuch, den Begriff der digitalen Kompetenz zu präzisieren (Kapitel 3.2). Dabei fließen Erkenntnisse aus der in diesem Buch präsentierten Studie ein, aber auch Beobachtungen, Expertengespräche, anderorts veröffentlichte wissenschaftliche Untersuchungen sowie Fachpublikationen, die sich mit dieser Thematik beschäftigen. All dies soll zu einem besseren Verständnis der digitalen Welt beitragen und die Profession der Sozialen Arbeit bereichern. Denn das Geheimnis digital kompetenter Mitarbeiter*innen liegt in ihrer digitalen Selbstwirksamkeit, folglich in dem Vertrauen in sich selbst, bestimmte digitale Anforderungen aufgrund eigener – mitunter nicht digitaler – Kompetenzen bewältigen zu können (Kapitel 3.2.5).

Die Organisation dient als System, in welchem die Sozialarbeiter*innen ihre Arbeit leisten. Kutscher greift drei Ebenen in Organisationen heraus, welche durch die Digitalisierung beeinflusst werden:[13]

- Kommunikation mit Klient*innen
- digitalisierte Formen der Informationsverarbeitung und Kommunikation innerhalb und zwischen Organisationen
- Digitalisierung von Sozialen Dienstleistungen

Für diese Ebenen kann die Organisation Rahmenbedingungen schaffen, welche das Tätigwerden in der digitalisierten Arbeits- und Lebenswelt erleichtern (Kapitel 5). Für die Kommunikation mit den Klient*innen bedarf es organisationsinterner Regelungen, welche

[12] Kopf/Schmolze-Krahn (2018), S. 82
[13] Kutscher (2018), S. 1431

beispielsweise die Nutzung sozialer Medien beinhalten. Gleiches gilt für die Kommunikation innerhalb und zwischen den Organisationen. Darüber hinaus verlangt unter anderem die zunehmende Digitalisierung von sozialen Dienstleistungen explizite Regelungen für den Umgang mit technischen und digitalen Hilfsmitteln.

Zudem zeigt sich, dass die Digitalisierung auf die Soziale Arbeit wirkt, somit gehören auch digitale Kompetenzen zum beruflichen Alltag der Sozialarbeiter*innen. Demnach müssten die Kompetenzen im Umgang mit der Digitalisierung auch von Arbeitgeber*innen an künftige Mitarbeiter*innen bei Stellenausschreibungen bzw. bei Bewerbungen thematisiert werden. Etwas mehr als die Hälfte der Sozialarbeiter*innen gibt an, dass digitale Kompetenzen bei der Bewerbung implizit oder explizit vorausgesetzt werden (Kapitel 5.4).

Ausgehend von dieser These, dass digitale Kompetenzen auch in der Sozialen Arbeit unabdingbar sind sowie Arbeitergeber*innen diese explizit oder implizit bei der Bewerbung voraussetzen, stehen Hochschulen in der Pflicht, ihre Studierenden auf die digitalen Anforderungen entsprechend vorzubereiten. Die Hochschulen sind daher in den letzten Jahren vermehrt bemüht, die Digitalisierung in der Sozialen Arbeit als Querschnittsthema in die Ausbildung von Sozialarbeiter*innen einfließen zu lassen. Trotz allem gibt es hier noch Luft nach oben. In Kapitel 5.8 wird kurz auf den IST-Zustand der Vermittlung von digitalen Kompetenzen in der Hochschulausbildung Bezug genommen. Des Weiteren werden Möglichkeiten präsentiert, inwiefern die Hochschulen die Vermittlung von digitalen Kompetenzen im Studium integrieren können.

Abschließend werden für die Hochschulen und Sozialen Unternehmen Handlungsempfehlungen (Kapitel 6) sowie Tipps für die Praxis (Kapitel 7) formuliert. Diese Handlungsempfehlungen haben keinen Anspruch auf Vollständigkeit! Auch wir, die Autorinnen, haben eine bestimmte Sichtweise auf das Thema „Digitalisierung in der Sozialen Arbeit" und sind bemüht diese Sichtweise bestmöglich darzustellen. Aufgrund der Komplexität und Schnelllebigkeit dieser Thematik bieten sich immer neue Sichtweisen und Erkenntnisse. Wie schnell es teilweise Sozialen Unternehmen gelang, auf Videokonferenzen zum internen Austausch, auf Onlineberatung, auf Home-Office-Plätze umzustellen, um während des Lockdowns in der COVID-19 Krise arbeits- und kommunikationsfähig zu bleiben, ist ein beredtes Beispiel dafür.

2. Digitalisierung und Soziale Arbeit

Die zunehmende Präsenz digitaler Themen sowie die Veränderung von Arbeits- und Lebenswelten durch die Digitalisierung lassen die Frage zu: Wie steht es um die digitalen Kompetenzen in der Sozialen Arbeit? Dieser Frage widmete sich eine Forschungsgruppe des Bachelorstudiengangs Soziale Arbeit am Campus Linz der Fachhochschule Oberösterreich. Dieses Kapitel bietet eine Orientierungshilfe, um in weiterer Folge ein besseres Verständnis für die Studie und deren Ergebnisse entwickeln zu können. Dafür werden im ersten Schritt wichtige Begriffe, die im Buch verwendet werden, beschrieben. Im zweiten Schritt wird das methodische Vorgehen der Studie näher erläutert.

2.1 Begriffsklärung

2.1.1 Digitalisierung, digitale Transformation, Mediatisierung

Digitalisierung oder auch digitale Transformation ist eine Entwicklung, eine Entwicklung hin zu mehr Digitalität in nahezu allen Arbeits- und Lebensbereichen.

Sie verändert bisher bekannte Spielregeln auf Märkten sowie unser Verhalten im Miteinander und eröffnet neue Möglichkeiten für gesellschaftliche Entwicklung. Der allgegenwärtige Einsatz von Technologie in Form von vernetzten Geräten und Anwendung bildet das Fundament dieser Entwicklung.[14]

Ursprünglich bedeutet Digitalisierung im technischen Sinne die Umwandlung analoger Objekte (Schriftstücke, Musik, Fotos, etc.) in das von Computern verarbeitete System (binär: 0 und 1). Frühere Formen der Kommunikation, Information oder Büroarbeit werden heute mit Hilfe digitaler Technologien getätigt.[15]

Mediatisierung ist ein Begriff, der gerne synonym mit Digitalisierung verwendet wird. Dieser beschreibt einen Prozess der medialen Durchdringung des Alltags von Klient*innen und Fachkräften sowie den Handlungskontext Sozialer Arbeit in sozialer, räumlicher und zeitlicher Hinsicht.[16] Beispiele hierfür wären eine Sozialarbeiterin, die ihre Klienten beim Ausfüllen eines Online-Bewerbungsformulars

[14] Pölzl/Wächter (2019), S. 15

[15] Kreidenweis (2018b), S.11

[16] Kutscher (2015), S. 5

unterstützt, oder ein Schulsozialarbeiter, der von Cybermobbing an einer Schülerin erfährt und deshalb Workshops zum Thema Zivilcourage in Sozialen Medien organisiert, oder eine Sozialarbeiterin, die mit einer Klientin gemeinsam nach einer leistbaren Wohnung sucht und deshalb online Vormerkungen bei Genossenschaften ausfüllt. Natürlich könnte diese Aufzählung noch lange fortgeführt werden.

Die Digitalisierung ist also eine Entwicklung, die sämtliche Bereiche eines Sozialen Unternehmens betrifft. Interne Prozesse werden immer öfter rein digital abgewickelt (z. B. die Fahrtkostenabrechnung basierend auf der Falldokumentation), digitale Lebenswelten von Klient*innen werden vermehrt Thema in den Handlungsfeldern sozialer Arbeit (z. B. Themen wie Cybermobbing) und nicht zuletzt bietet das Internet eine Vielzahl an Möglichkeiten, sich Informationen zu beschaffen und Angebote an Klient*innen rein digital anzubieten (dies wurde gerade während der COVID-19-Krise deutlich). Für all diese Beispiele benötigen Mitarbeiter*innen digitale Kompetenzen, um ihrer Tätigkeit nachgehen zu können.

Darüber hinaus sind Soziale Unternehmen gefordert, ihrem Zweck und ihren Zielen entsprechend auf die Digitalisierung zu reagieren, um den sich ändernden Arbeits- und Lebenswelten gerecht zu werden. Aus der Sicht Sozialer Unternehmen kann es daher hilfreich sein, die sehr vielfältige digitale Welt in kleinere Einheiten zu unterteilen, wie es Pölzl/Wächter in ihrem Vier-Sichten-Modell erläutern (Abbildung 1).

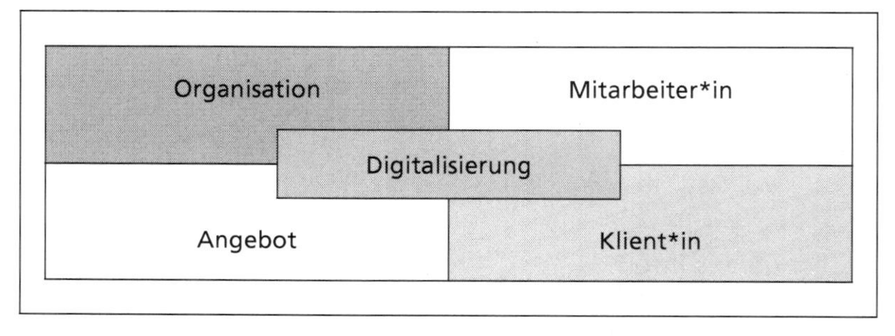

Abbildung 1: Vier Sichten auf Digitalisierung nach Pölzl/Wächter[17]

[17] Pölzl/Wächter, S. 20

Der Referenzrahmen bietet eine vereinfachte Möglichkeit, den Fokus organisatorischen Handelns auf wirksame Maßnahmen zu lenken. Betrachtet werden dabei die Klient*innen als Empfänger*innen von Leistungen eines Sozialen Unternehmens, die von digital kompetenten Mitarbeiter*innen erbracht werden. Die Sicht auf die Organisation konzentriert sich auf interne Abläufe. Ferner werden Angebote, Produkte und Leistungen unterschiedlich stark digital abgebildet. Schließlich folgt die Einbettung des Sozialen Unternehmens in dessen Umfeld, was im Referenzrahmen als „Systempartner*innen" bezeichnet wird.

Erkenntnisse aus der in diesem Buch vorgestellten Studie bedienen alle Sichten des Referenzrahmens.

2.1.2 Wissen, Handlung und Kompetenz

Die Fähigkeiten, die Sozialarbeiter*innen im Kontext ihrer Arbeit einbringen, sind wissensbasiert. Sozialarbeiter*innen als Mitarbeiter*innen in Sozialen Unternehmen stellen ihr Wissen für die Erfüllung der Aufgaben/des Auftrages der Organisation zur Verfügung. Soziale Unternehmen können daher als Wissensunternehmen bezeichnet werden.

North beschreibt, dass Wissensunternehmen die Fähigkeit besitzen, Wissen „marktorientiert aufzubauen, abzusichern und optimal zur Generierung von Geschäftserfolgen zu nutzen". Kundenanforderungen an Wissensunternehmen sind sehr differenziert und erfordern individuelle Lösungen.[18] Für Soziale Unternehmen übersetzt könnte diese Definition lauten, dass diese die Fähigkeit besitzen, die bei den Mitarbeiter*innen vorhandene Kompetenz optimal im Sinne des Auftrages sowie für die Klient*innen zu nutzen. Von differenzierten Kundenanforderungen (oder anders formuliert: Problemlagen von Klient*innen) und individuelle Lösungen spricht auch die Soziale Arbeit.

Im Modell der Wissenstreppe beschreibt North, wie aus Zeichen Daten, daraus Informationen hiernach Wissen, schließlich Handeln zu Kompetenz werden, um die Wettbewerbsfähigkeit von Wissensunternehmen zu sichern (siehe Abbildung 2).

---

[18] North (2016), S. 21

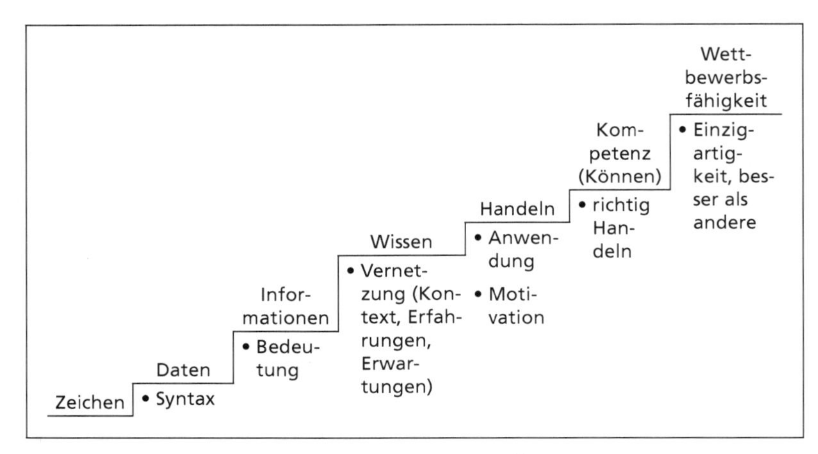

Abbildung 2: Wissenstreppe basierend auf North[19]

Die Wissenstreppe zeigt sehr deutlich, worin der Unterschied zwischen Informationen, Wissen, Handlung und Kompetenz liegt. Aus Informationen (Daten mit Bedeutung) wird durch das Einbringen von Erfahrung und Erwartung Wissen, welches durch aktives Tun (Können – das Wie) zur Handlung wird. Im Moment der zweckorientierten Anwendung von Wissen wird aus dem Handeln Kompetenz.[20]

Wenn wir also digitale Kompetenzen betrachten, so sprechen wir im Sinne der Definition von der Kompetenz des richtigen Handelns in digitalisierten Arbeits- und Lebenswelten. Wir verknüpfen Informationen im Kontext der Sozialen Arbeit mit Erfahrungen (Wissen aus der Ausbildung, Erwartungshaltung aufgrund der Berufspraxis) und generieren so Wissen, das wir einzelfallbezogen anwenden (handeln). Wir handeln kompetent.

In Kapitel 3.2.1 finden Sie vertiefende Informationen zum Begriff „digitale Kompetenz".

*2.1.3 Klient*innen, Adresssat*innen*

Menschen, welche von den Einrichtungen der Sozialen Arbeit mit Hilfsangeboten angesprochen werden, werden als Adressat*innen bezeichnet. Jede Einrichtung in der Sozialen Arbeit bietet unter-

[19] North (2016), S. 37

[20] North (2016), S. 37 ff.

schiedliche Unterstützungsangebote an und adressiert damit auch unterschiedliche Menschen. Der Begriff Adressat*in kann in diesem Buch als Synonym für Klient*in verstanden werden. Die Studie, welche die Basis für dieses Buch bildet, verwendet den Begriff Klient*in, daher wird auch hier vermehrt der Begriff Klient*in verwendet. Angesprochen werden in diesem Buch alle Personen, welche durch die unterschiedlichen Einrichtungen der Sozialen Arbeit adressiert werden.[21]

2.1.4 Weitere Begriffe

Im Zusammenhang mit der Digitalisierung steht auch ein spezifisches Vokabular, das in weiterer Folge Verwendung finden wird und daher in Folge kurz beschrieben wird[22].

Soziale Medien oder Soziale Netzwerke bieten Teilnehmer*innen (User*innen) die Möglichkeit ein Profil der eigenen Person anzulegen, zu verwalten und als solches mit anderen Teilnehmer*innen zu kommunizieren, Ideen zu teilen, Inhalte zu veröffentlichen, etc. Beispiele hierfür sind Facebook, Twitter, Instagram, Snapchat, etc.

Messenger bezeichnen Dienste, die die Übertragung von Text-, Bild-, Videonachrichten erlauben. Es kann von Einzelperson zu Einzelperson kommuniziert werden. Ebenso können Gruppen gebildet werden. Beispiele sind Whatsapp, Signal, Telegram, etc. Messenger können auch ein Bestandteil Sozialer Medien sein.

Bei Messengern wird in der Regel im **Chat** kommuniziert. Diese kommt dem gesprochenen Dialog sehr nahe. Person A schreibt – Person B antwortet. Dies kann sehr zeitnah/zeitgleich oder auch zeitversetzt passieren.

Demgegenüber steht die Kommunikation via **E-Mail**, die einem Briefverkehr sehr nahe kommt.

Als **digitale Tools** werden Werkzeuge, Programme oder Apps bezeichnet, mit deren Hilfe Inhalte produziert oder Dienstleistungen in Anspruch genommen werden können.

---

[21] Graßhoff (2015), S. 7 f.

[22] https://www.saferinternet.at/themen/, Zugriff am 1. Juni 2020

2.2 Datengrundlage

In diesem Buch werden Erkenntnisse präsentiert, welche die Datenanalysen der Studie lieferten. In diesem Kapitel wird nun näher auf die Konzipierung und Durchführung der Studie eingegangen.

2.2.1 Methodisches Vorgehen

Die Untersuchung fand in drei Phasen – Recherche, Vorstudie, Hauptstudie – statt. Im Rahmen der Recherche wurde klar, dass das Spezifikum der digitalen Kompetenzen im Rahmen des Berufsfeldes Sozialer Arbeit noch weitgehend unerforscht ist.

Daher wurden im Rahmen einer Vorstudie qualitative Interviews mit Sozialarbeiter*innen aus verschiedenen Tätigkeitsfeldern (Soziale Arbeit mit Familien, interkulturelle Soziale Arbeit und Existenzsicherung, Soziale Arbeit mit alten Menschen, Soziale Arbeit mit Menschen mit Behinderung, Soziale Arbeit im Bereich Bildung, Beruf und Gender, Sozialpädagogische Arbeit) durchgeführt. Die Feststellung daraus dienten dazu, zusätzlich zur Literatur Variablen und Erkenntnisse zu gewinnen, die unterstützend bei der Erstellung des Erhebungsinstruments für die Hauptstudie waren.

Anschließend wurde die eigentliche Hauptstudie durchgeführt. Dabei handelte es sich um eine standardisierte Befragung[23] in Form einer Onlinebefragung[24]. Zur Datenerhebung wurde das an der Hochschule üblicherweise verwendete Umfragetool Unipark herangezogen[25]. Um die Vollständigkeit und Verständlichkeit des Fragebogens sicherzustellen wurden mehrere Pretests durchgeführt.[26] Ebenso sollte dadurch überprüft werden, dass die angestrebte Dauer von 15 Minuten nicht überschritten wird.

Der Link zum Fragebogen wurde per Mail an unterschiedliche Organisationen und Behörden gesendet, die Sozialarbeiter*innen beschäftigen. Ebenso wurde die Bitte zur Teilnahme an Interessensvertretungen, Ausbildungsstätten, Netzwerke und persönliche Kontakte übermittelt. Durch die Fülle der Verteilungskanäle sollte eine möglichst breite Streuung gewährleistet werden. Durch die Tat-

23 Reinecke (2019) S. 717 ff.
24 Wagner-Schewelsky und Hering (2019) S. 787 ff.
25 https://www.unipark.com
26 Mayer (2008), S.59

sache, dass der Fragebogen nur online verfügbar war, wurde der potenzielle Ausschluss eines Teiles der Zielgruppe der Befragung in Kauf genommen. Das Medium E-Mail ist jedoch am Arbeitsplatz dermaßen weit verbreitet, dass davon ausgegangen wurde, dass nahezu jede*r Sozialarbeiter*in zumindest am Arbeitsplatz über eine Mailadresse verfügt und eine Teilnahme somit möglich gewesen hätte sein müssen.

Der Fragebogen war von 3.10.2018 bis 12.11.2018 zugänglich. Insgesamt folgten diesem Link 945 Personen. Davon beendeten 37,25% den Fragebogen.

2.2.2 Grundgesamtheit und Stichprobe

Die Grundgesamtheit im Sinne der „Gesamtmenge von Individuen, Fällen oder Ereignisse auf die sich die Aussagen der Untersuchung beziehen soll[en]", wurde als solche angestrebt, als dass davon alle Sozialarbeiter*innen in Österreich angesprochen wurden.[27] Zur Anzahl eben dieser herrscht in Expert*innen- und Forscher*innenkreisen jedoch Uneinigkeit. Laut Mikrozensus-Arbeitskräfteerhebung gab es im Jahresdurchschnitt 2017 unter den unselbstständig Erwerbstätigen 15.100 Sozialarbeiter*innnen, 10.500 davon Frauen.[28] Laut Schätzung des OBDS (Österreichischer Berufsverband der Sozialen Arbeit, www.obds.at) beläuft sich die Anzahl der in Österreich beschäftigten Sozialarbeiter*innen auf 5.000–8.000 und die der Sozialpädagog*innen auf 6.000–7.000. Gesamt ergibt dies eine Zahl von ca. 11.000–15.000 Tätigen in der Sozialen Arbeit.[29]

Grund für die Ungenauigkeit bei der Einschätzung könnte laut Alois Pölzl, Bundesvorsitzender des Österreichischen Berufsverbandes der Sozialen Arbeit (obds), die Tatsache sein, dass die Berufsbezeichnungen „Sozialarbeit", „Sozialpädagogik" und „Soziale Arbeit" je nach Kontext unterschiedlich von anderen Berufsgruppen abgegrenzt werden. *„Viele Dienstgeber benutzen die Bezeichnungen auch für das Tätigkeitsfeld und unterscheiden nicht trennscharf nach der Ausbildung bzw. Profession der Angestellten. Dahinter steht die Problematik, dass es in Österreich derzeit noch kein Berufsgesetz für Sozialarbeit gibt."* Die österreichische Bundesregierung hat in

27 Mayer (2008), S. 59 f.

28 Statistik Austria (2018)

29 Stellungnahme von DSA Mag. Alois Pölzl, 1.6.2020

ihrem Regierungsprogramm 2020–2024 die Absicht dafür unter dem Punkt „Modernisierung des Arbeitsrechts" festgehalten.[30]

Da kein Register aller in Österreich arbeitenden Sozialarbeiter*innen vorliegt, konnten nicht alle Personen gleichmäßig durch die Studie angesprochen werden. Natürlich gab es aber die Bemühung, vielfältige Kanäle der Verbreitung des Fragebogens zu nutzen, um eine große Reichweite zu gewährleisten. Alle Fachhochschulen Österreichs für Soziale Arbeit wurden gebeten den Fragebogen an ihre Absolvent*innen zu schicken. Überdies wurde der Fragebogen an unterschiedliche Verbände, Einrichtungen und dem OBDS mit der Bitte um Weiterverbreitung gesendet. Das willkürliche Auswahlverfahren kam zustande, da die einzelnen Sozialarbeiter*innen der Grundgesamtheit aufgrund der Verbreitungskanäle unterschiedlich oft angesprochen werden konnten (z. B. erfuhren manche Sozialarbeiter*innen sowohl durch ihren Arbeitgeber und ihrer Zugehörigkeit zu einer Interessensvertretung von der Studie, andere Sozialarbeiter*innen hingegen wurden von keinem Verbreitungskanal erfasst). Durch dieses kann nicht eindeutig auf die Grundgesamtheit geschlossen werden.[31],[32]

Die gesamte Stichprobe beläuft sich auf 341 befragte Personen. Durch die Antworten auf die Fragen nach Beruf und Ausbildung war es möglich, die Sozialarbeiter*innen aus der Stichprobe zu extrahieren.

Beruf	Häufigkeit	Prozent
Sozialarbeiter*in	234	68,6
Sozialpädagog*in	37	10,9
Therapeut*in	3	0,9
Psycholog*in	2	0,6
Soziolog*in	3	0,9
Pfleger*in	3	0,9
Fachanleiter*'in/Fachtrainer*in	3	0,9

[30] Bundeskanzleramt (2020), S. 183

[31] ADM (2014), S. 20

[32] Ebermann (2010)

Beruf	Häufigkeit	Prozent
Sozialwirt*in/Sozialmanager*in	11	3,2
Pädagog*in	14	4,1
Jurist*in	2	0,6
Sonstiges:	29	8,5
Gesamt	**341**	**100,0**

Abbildung 3: Stichprobe: Beruf

Der Großteil der Befragten (68,6 %) sind als Sozialarbeiter*innen tätig. Mehr als 10 % im Bereich der Sozialpädagogik, 4 % sind Pädagog*innen und 3 % Sozialwirt*innen und Sozialmanager*innen.

Ausbildung

Ausbildungsgang, Studium	Häufigkeiten
Fachhochschule für Soziale Arbeit/Sozialakademie	253
Lehrgang/Kolleg/Studium für Sozialpädagogik	5
Studium der Soziologie	8
Studium der Psychologie	5
Studium der Sozialwirtschaft/Sozialmanagement	2
Studium der Theologie	1
Studium der Pädagogik	11
Ausbildung zum/zur Lebens- und Sozialberater*in	5
Sonstige	28

Abbildung 4: Stichprobe: Ausbildung

Bei der Frage nach der Ausbildung gaben ca. drei Viertel der Teilnehmenden an, die Fachhochschule für Soziale Arbeit beziehungsweise eine Sozialakademie (Vorgänger der Fachhochschule für Soziale Arbeit) absolviert zu haben (74,2 %). 7,3 % haben eine sozialpädagogische Ausbildung absolviert. Weiteres wurde genannt: Studium der Soziologie (4,7 %), Pädagogik (5,9 %), Sozialwirtschaft/-management (2,9 %) oder Psychologie (2,9 %). Eine Ausbildung zur Lebens- und Sozialberater*in machten 3,5 % der Teilnehmenden. Andere genannte Ausbildungen waren Theologie, Lehramt, Mediation, Supervision/Coaching, Rechtswissenschaften, Psychotherapie sowie eine Lehre.

Aus der gemeinsamen Betrachtung der Auswertungen „Beruf" und „Ausbildung" ergibt sich, dass an der Erhebung 78 % Sozialarbeiter*innen und 22 % sonstige Berufsgruppen teilgenommen haben. Die Gruppe der Sozialarbeiter*innen beinhaltet demnach Personen, die entweder aktuell als Sozialarbeiter*innen tätig sind und/oder die Ausbildung zur Sozialarbeiter*in absolviert haben. Die Gruppe der Sozialarbeiter*innen wird nun in der folgenden Darstellung der Ergebnisse als Stichprobengesamtheit angenommen. Alle weiteren Auswertungen beziehen sich daher auf 267 Personen.

Die Frage nach der Funktion, d. h. in welcher hierarchischen Konstellation die Teilnehmenden tätig sind, ergab nachfolgende Zusammensetzung: 84,6 % der Befragungsteilnehmer*innen sind als Mitarbeiter*innen tätig, weitere 13,9 % als Führungskräfte. Darüber hinaus sind 1,5 % als Selbstständige tätig.

Von den Teilnehmer*innen der Befragung sind 73 % weiblich, 27 % männlich. „Anderes und zwar" wurde von einer der befragten Personen ausgewählt. Die Geschlechterverteilung in der Grundgesamtheit beläuft sich auf ca. 70 % weibliche und 30 % männliche Sozialarbeiter*innen. Somit kann gesagt werden, dass die Verteilung der Geschlechter in der Befragung annähernd vergleichbar ist mit jener in der Grundgesamtheit.

Zwei Drittel der Teilnehmer*innen sind unter 40 Jahre: 35,5 % sind 21 bis 30 Jahre und 34,3 % zwischen 31 bis 40 Jahre. Das Drittel der 40 plus teilt sich wie folgt auf: 14,7 % sind zwischen 42 und 50 Jahre, 13,6 % sind zwischen 51 und 60 Jahre, 1,9 % sind zwischen 61 bis 70 Jahre.

3. Digitale Arbeitswelten

Wir sprechen vom Wandel der Arbeitswelten durch Digitalisierung hin zu digitalen Arbeitswelten. Die Soziale Arbeit ist gefordert, die digitalen Arbeitswelten für sich selbst und für Klient*innen mitzugestalten. Dass die Veränderungen auch für die Soziale Arbeit relevant sind, zeigen nicht nur unzählige Studien, sondern auch die genaue Betrachtung der Vorgänge, die die Digitalisierung mit sich bringt.

McAfee und Brynjolfsson vergleichen große Ereignisse der Menschheitsgeschichte und ihre Auswirkungen auf die Entwicklung der Menschheit. Sie fokussieren dabei die Entwicklung der Dampfmaschine und deren Konsequenzen, die in die industrielle Revolution mündeten. Die Grenzen menschlicher und tierischer Muskelkraft konnten überwunden werden, die Erzeugung von beliebig viel nutzbarer Energie führte in Fabriken zur Massenproduktion und zu Massentransport. Die beiden Autoren gehen nun einen Schritt weiter und postulieren das zweite Maschinenzeitalter. Das Pendant zur Dampfmaschine sind heute Computer und andere digitale Errungenschaften. Diese haben auf unsere geistigen Kräfte die gleiche Wirkung wie die Dampfmaschine auf menschliche sowie tierische Muskelkraft. Computer & Co unterstützen unsere Fähigkeit, mit Hilfe unseres Gehirns unsere Umwelt zu verstehen und zu gestalten. Sie helfen uns, frühere Einschränkungen zu überwinden. Nun werden auch kognitive Aufgaben und Leistungen automatisierbar.[33]

3.1 Wandel der Arbeitswelt

Die erste Schätzung aus 2013, die sich dem Wandel der Arbeitswelt durch Digitalisierung widmete, prophezeite einen massiven Arbeitsplatzverlust von um die 47 %. Sämtliche routinemäßig bewältigbare Tätigkeiten, so die Annahme, könnten durch Algorithmen und/oder Maschinen ersetzt werden. Das Thesenpapier von Frey und Osborne (beide an der Universität von Oxford tätig, daher auch manchmal der Name „Oxford-Studie") ist keine Studie im wissenschaftlichen Sinn, sondern eine Schätzung von Robotik- und Computerforschern. Diese haben 702 Berufe in den USA auf ihre Automatisierbarkeit hin eingeschätzt, basierend auf den Informationen über die Berufe, für die das amerikanische Arbeitsministerium ausführliche Tätigkeits-

[33] Brynjolfsson/McAfee (2014), S. 15 ff.

beschreibungen veröffentlicht hat. Am sichersten sind vorrangig Jobs im Gesundheits- und Sozialbereich. An Platz 4 bzw. Platz 8, d. h. am wenigsten durch Digitalisierung ersetzbar ist jener der Sozialarbeiter*innen.[34] Dengler und Matthes sahen 2015 für soziale Berufe in Deutschland ein sehr geringes Substituierbarkeitspotenzial von 5,3 %.[35]

Jedoch werden alle Berufe bzw. die Tätigkeiten der Berufe einem Wandel unterworfen, da viele Tätigkeiten dennoch teilweise automatisierbar sind. Besonders deutlich wird dies bei Verwaltungs- und Dokumentationsarbeiten; hier hat die datentechnische Verarbeitung in weiten Teilen Einzug gehalten. Durch die COVID-19 Krise werden weitere Arbeitsprozesse digitalisiert, die schlichtweg notwendig sind, um überhaupt handlungsfähig zu bleiben. Trotz der Möglichkeiten, die sich durch digitale Hilfsmittel für Sozialarbeiter*innen ergeben, können diese dennoch nicht für jedes sozialarbeiterische Handeln eine Alternative bieten. Als Beispiel sei hier der Kinderschutz angeführt, der eine direkte Zusammenarbeit mit betroffenen Familien in Form von Hausbesuchen erfordert. Schmerzlich bewusst wurde dies im Rahmen des Social Distancing bzw. des Lockdowns in der COVID-19 Krise. Obwohl sich die Soziale Arbeit bewusst war, dass Gewalt in Familien zunehmen wird, konnte keine befriedigende digitale Herangehensweise gefunden werden, hier unterstützend bzw. deeskalierend einzugreifen.

Da die Schätzung von Frey und Osborne große Wellen schlug und doch nur eine Schätzung (in einem mathematischen Modell) bleibt, gab es etliche andere Veröffentlichungen, die sich der Automatisierungswahrscheinlichkeit und damit der Substituierbarkeit von Berufen durch Algorithmen, Roboter und Künstliche Intelligenz widmen. In Deutschland veröffentlichte das Bundesministerium für Arbeit und Soziales 2015 eine auf dem Vorgehen von Frey und Osborne basierende Schätzung und kommt zu dem Schluss, dass 42 % der Beschäftigten in Berufen arbeiten, die nach Frey und Osborne in den nächsten 10 bis 20 Jahren automatisierbar sein werden. In dieser Studie werden auch dezidiert wissenschaftliche Einwände gegen das Vorgehen von Frey/Osborne aufgeführt und deutlich die Unterschiede in den Betrachtungsweise erklärt.[36]

---

[34] Frey/Osborne (2013), S. 57

[35] Dengler/Matthes (2015), S. 32

[36] Bonin (2015), S. 23

Das österreichische Institut für Höhere Studien hat 2017 als Antwort auf die Schätzungen von Frey und Osborne eine Studie veröffentlicht, die der Frage der Substituierbarkeit in Österreich nachgeht, und hat dabei die Vorgehensweise sowie die Datenbasis abgewandelt, da sich die Schätzungen von Frey und Osborne nur um die Automatisierungswahrscheinlichkeit, nicht aber um die durch die Automatisierung neu entstehenden Berufe bzw. Tätigkeiten annimmt. Demnach sind in Österreich insgesamt 9,0 % der Beschäftigten von einem hohen Automatisierungsrisiko (> 70 %) betroffen, was 318.835 Vollzeitäquivalenten (bei 40 Wochenstunden) entspricht.[37]

Wie sich der Arbeitsmarktwandel tatsächlich auswirkt, kann so noch niemand sagen. Der Wandel selbst wird von weiteren Faktoren beeinflusst. Die technische Umsetzbarkeit (Wahrscheinlichkeit bzw. Möglichkeit) führt per se nicht zu einem Wegfall von Arbeitsplätzen. Die Automatisierung ist nicht kostenlos, sie erfordert die Entwicklung und Bereitstellung von Hard- und Software. Sie ist dann attraktiv, wenn sie günstiger ist als die bisherige Arbeitskraft und am Ende eine bessere Qualität und/oder einen höheren Output liefert. Durch die Digitalisierung und Vernetzung werden nicht mehr Anlagen digitalisiert, sondern auch die Arbeit selbst. Dies betrifft teilweise auch Tätigkeiten hochqualifizierter Fachkräfte. Der Wandel dürfte zudem von rechtlichen Rahmenbedingungen sowie sozialen und kulturellen Aspekten mitbeeinflusst werden. Es ist daher naheliegend, den Wandel auf Tätigkeiten zu beziehen.[38]

Wie sich der Wandel der Tätigkeit durch Digitalisierung auf die Soziale Arbeit auswirkt, sehen wir zum Teil bereits in den Ergebnissen der vorliegenden Studie. Zum anderen nehmen wir selbst die Veränderungen in der Arbeitswelt wahr. Kennzeichnend für diese Veränderungen ist beispielsweise die ständige Erreichbarkeit. Soziale Medien und ihre Begleiterscheinungen haben unseren Anspruch verändert, auf Anfragen schnellstmöglich reagieren zu müssen. Das Smartphone ist ständig mit dabei, wir sind jederzeit online. Geht eine Nachricht ein, kann im Vorfeld kaum unterschieden werden, ob es sich um eine private oder berufliche Nachricht oder Information handelt. Dadurch verschwimmt die Grenze zwischen Arbeit

[37] Nagl et al. (2017), S. 26
[38] Zenhäusern/Vaterlaus (2017), S. 6

und Freizeit immer mehr[39]. Gerade der Kontakt zu den Klient*innen, deren Lebenswelten sowie deren Ansprüche sind es, die die Arbeitswelt von Sozialarbeiter*innen mitbeeinflussen.

Und nun, um noch einmal auf COVID-19 zurückzukommen, bemerken wir in der Praxis, dass viele Einrichtungen sehr schnell reagieren und Arbeitsprozesse digital abwickeln, um weiterhin in Kontakt mit ihren Klient*innen bleiben können. Jedoch geschehen viele dieser Dinge unter der Prämisse „besondere Zeiten erfordern besondere Maßnahmen". Für eine Systemerhaltung in der Krisenzeit mag es in Ordnung sein, Angebote zu setzen ohne diese auf Datensicherheit, Datenschutz, Transparenz, etc. zu überprüfen. Viele dieser neu angewandten Methoden werden sich wohl auch als praktikabel herausstellen. Allerdings bleibt es abzuwarten, wie diese nach der Zeit der Krise in einen geordneten Betrieb inklusive rechtlicher Deckung integriert werden können.

*3.1.1 Wandel der Arbeitswelt von Sozialarbeiter*innen*

Wie, wo und inwieweit die Digitalisierung die Arbeitswelt von Sozialarbeiter*innen verändert wird, wird nicht nur in der Literatur, sondern auch auf Tagungen und Kongressen heißt diskutiert. „Im Wesentlichen wird sich für die Soziale Arbeit durch die Digitalisierung nichts verändern", hört man auf der einen Seite. „Wir sehen uns radikal und disruptiv von Technologien bedroht, die unsere Arbeit ersetzen werden", äußern Vortragende auf der anderen Seite. Beide Aussagen waren im September 2019 auf der Tagung des europäischen Verbandes der Sozialen Arbeit (ifsw-europe) in Wien zu hören.

Kutscher stellt fest, dass es noch zu wenige empirische Befunde gibt, wie die Digitalisierung die Arbeitswelt von Sozialarbeiter*innen formt.[40] Sie identifiziert jedoch **drei Ebenen** in der Sozialen Arbeit, auf welche die Digitalisierung wirkt:

(1) Kommunikation: Die Lebenswelt der Klient*innen wird durch Soziale Medien, mobile Medien und mobile Dienste umfassend geprägt. Somit nutzen auch Organisationen und Fachkräfte der Sozialen Arbeit immer mehr diese medialen Wege, um die Klient*innen zu erreichen.[41]

[39] Stüwe/Ermel (2019), S. 45 f.

[40] Kutscher (2019), S. 28

[41] Kutscher (2018), S. 1430

(2) **Informationsverarbeitung:** Digitale Formen der Informationsverarbeitung wie etwa Falldokumentationssysteme nehmen vermehrt Einzug in die Organisationen der Sozialen Arbeit. Hiermit ist auch die intra- und interorganisatorische Datenkommunikation einbegriffen.[42]

(3) **Digitalisierung der sozialen Dienstleistungen:** Die Erbringung sozialer Dienstleistungen selbst ist teilweise von Digitalisierung betroffen. Beispielsweise zählen dazu die softwarebasierte Falldiagnostik oder die Onlineberatung.[43]

Die Bedeutung der Digitalisierung in der Sozialen Arbeit lässt sich anhand von **fünf Handlungsfeldern** erklären, in denen ein verstärkter Einsatz digitaler Medien und Geräte zu beobachten ist bzw. die Anwendungsbeispiele für digitale Systeme in der Sozialen Arbeit darstellen.[44], [45]

1. Online Kommunikation: Soziale Medien, Webseiten und Foren
2. Onlineberatung und Selbsthilfe
3. Falldokumentation und -planung sowie Diagnosehilfen (softwarebasierte Falldiagnostik und digitale Falladministration)
4. Serious Games[46]
5. Entwicklung von Medienkompetenzen und Web Literacy[47]

Es lassen sich zahlreiche Beispiele für die unterschiedlichen Aspekte der Digitalisierung in der Sozialen Arbeit finden: Die Verwendung von WhatsApp in der Jugendhilfe, der pädagogische Einsatz von Tablets in Kinderbetreuungseinrichtungen und Schulen, die Rolle des Handys bei Flucht und Migration oder die verstärkte Nutzung des Internets für Beratungsangebote (Informationen auf Webseiten, Onlineberatung, usw.).[48]

---

42 Kutscher (2018), S. 1430

43 Kutscher (2018), S. 1430

44 Kutscher/Seelmeyer (2017), 231 ff.

45 Becka et al. (2017), S. 13

46 Serious Games sind digitale Spiele, die nicht zur Unterhaltung entwickelt wurden. Vergleichbar mit Lernspielen soll ein Anliegen vermittelt werden. Beispielweise können Serious Games zur Schulung von Klient*innen bei bestimmten Krankheitsbildern eingesetzt werden.

47 Web Literacy ist die Kompetenz, im Web zu kommunizieren. Dazu gehört die Fähigkeit, Inhalte zu produzieren, mit Inhalten umgehen zu können (organisieren, beurteilen) und die eigene Identität im Internet zu verwalten.

48 Hoenig/Kuleßa (2018), S. 5

Wenn Frey und Osborne mit ihren Schätzungen von 2013 richtig liegen (siehe Einleitung des Kapitels) und die Soziale Arbeit am wenigsten Automatisierungs- und damit Substituierungswahrscheinlichkeit aufweist, so bedeutet dies jedoch nicht, dass die Arbeitswelt von Sozialarbeiter*innen unverändert bleibt. Dieser Annahme folgen auch einige Vertreter*innen aus der Sozialen Arbeit.

In einem Positionspapier äußert sich eine Arbeitsgruppe von Hochschulprofessor*innen auf https://www.sozialdigital.eu/ in 7 Thesen zu den Veränderungen der Sozialen Arbeit durch Digitalisierung. Im Einleitungstext wird darauf verwiesen, dass die Digitalisierung die Lebenswelten von Klient*innen und Sozialarbeiter*innen durchdringt und sich bestehende soziale Fragen von Machtverhältnissen, sozialer Gerechtigkeit und Teilhabe neu stellen. Daraus folge, dass es nicht möglich sei, sich einer Positionierung zu entziehen.[49] Die im Positionspapier veröffentlichten Thesen spiegeln sehr gut die Diskussionsfelder wider, die auch zum Teil bei der Erarbeitung der Studie sichtbar wurden. Diese Thesen sind als Forderung an die Soziale Arbeit zu verstehen:

1. **Soziale Arbeit nutzt die Digitalisierung, um an sozialen Fragen zu arbeiten**

Soziale Fragen haben sich durch technologische Entwicklungen nicht grundlegend verändert, sehr wohl jedoch deren Erscheinungsformen und Bruchlinien. Der Auftrag der Sozialen Arbeit in der Bearbeitung dieser sozialen Fragen (wie Soziale Gerechtigkeit, Chancengleichheit, Menschenrechte) bleibt jedoch bestehen. Die digitale Transformation ist vor diesem Hintergrund zu betrachten und auch zu nutzen. Soziale Arbeit bedient sich digitaler Technologien insbesondere dafür, Unterstützungspotenziale von und für ihre Adressatinnen und Adressaten zu nutzen und diese schlussendlich unabhängiger werden zu lassen – auch von der Sozialen Arbeit. Wo sich durch digitale Technologien neue Teilhabechancen und Gestaltungsmöglichkeiten eröffnen, sind diese zu ergreifen.

2. **Soziale Arbeit befasst sich sowohl mit Vor- wie auch mit Nachteilen der Digitalisierung**

Die digitale Transformation bietet Chancen und Risiken. Allerdings stehen hinter technologischen Entwicklungen oftmals politische

[49] Doerk et al. (2019), S. 1

und wirtschaftliche Interessen. Die Soziale Arbeit muss die Entwicklung kritisch auf Gewinnende und Verlierende, vorherrschende Interessen und Machtstrukturen hinterfragen. Sie darf die digitale Transformation dennoch nicht auf eine Herrschaftslogik reduzieren, sondern soll diese auch als kulturelle Praxis einer menschlichen medialen Selbstbefähigung verstehen und unterstützen. Es gilt, die Vorteile für die Ziele Sozialer Arbeit zu nutzen, Menschen bei ihrer Selbstverwirklichung zu unterstützen und zu verhindern, dass sie durch digitale Technologien eingeschränkt, gefährdet oder ausgeschlossen werden.

3. Soziale Arbeit pflegt einen sensiblen und bewussten Umgang mit Informationen und Daten

Digitalisierung bedeutet auch Akkumulation und die Verknüpfung von personenbezogenen Informationen und Daten. Soziale Arbeit ist oftmals mit Menschen in schwierigen Lebenssituationen befasst und erhält vertrauliche Informationen. Soziale Arbeit ist sich dessen bewusst und begegnet der Thematik wachsam und mit erhöhter Sensibilität, insbesondere im Bereich der digitalen Kommunikation mit verschiedenen Anspruchsgruppen. Neu dabei ist, dass die digitalen Datenkörper als „erweiterte Körper" durch Smartphones, Wearables usw. zum Individuum gehören. Diese Mensch-Medien-Kopplung sowie die Entwicklung u. a. prädiktiver Verfahren sowie der künstlichen Intelligenz wird damit auch zum Gegenstand der Sozialen Arbeit.

4. Soziale Arbeit ist aufgrund ihres komplexen Arbeitsfeldes prädestiniert und in der Pflicht, sich mit Fragen der Digitalisierung zu beschäftigen

Digitalisierung und sozialer Wandel lassen sich aufgrund der Verzahnung neuer Technologien mit Alltagspraxen nicht voneinander trennen. Da sozialer Wandel Gegenstand Sozialer Arbeit ist, geht sie von komplexen Frage- und Problemstellungen aus, die sie als wissenschaftliche Disziplin und Praxis inter- und transdisziplinär umfassend bearbeitet. Dadurch ist die Thematik der Digitalisierung in hohem Maße anschlussfähig an den fachlichen und theoretischen Diskurs Sozialer Arbeit sowie an methodische Diskurse in verschiedenen Handlungsfeldern. Die digitale Transformation soll vermehrt systematisch in theoretischen, empirischen, fachlichen und methodischen Diskursen der Sozialen Arbeit reflektiert werden.

5. Soziale Arbeit nutzt und schafft wissenschaftliche Grundlagen zu technologischem Wandel

Um technologischen Wandel in seinen sozialen Auswirkungen zu verstehen, soziale Fragstellungen und Probleme zu erkennen und eigenes Handeln zu begründen, muss Soziale Arbeit im Austausch mit der Praxis wissenschaftliche Beiträge zur Erforschung technologischen Wandels und seiner sozialen Auswirkungen leisten, Grundlagen aus den Bezugsdisziplinen nutzen und in Zusammenarbeit mit diesen weiterentwickeln.

6. Soziale Arbeit braucht einen kritischen Diskurs zu bestehenden Theorien, um zu prüfen, inwiefern sich digitale Transformation mit diesen beschreiben, erklären und beurteilen lässt

Die digitale Transformation verändert das menschliche Zusammenleben tiefgreifend. Neue Formen der Kommunikation, der Sozialisation und der Öffentlichkeit entstehen. Die Sichtweise auf Menschen und Soziale Problemlagen werden im Rahmen verschiedenster Theorien der Sozialen Arbeit beschrieben.

An dieser Stelle eine Theoriediskussion zu beginnen würde den Rahmen sprengen. Theorien sollten jedoch unter dem Blickwinkel der Digitalisierung betrachtet werden. Ob diese dadurch erweitert werden oder sich neue entwickeln, bleibt abzuwarten. Jedenfalls werden zentrale Theorien nicht umhin kommen, sich dem Phänomen der Digitalisierung und dessen Auswirkungen auf Gesellschaft, Gruppen und Individuen in Form sozialer Problemlagen und/oder Ressourcen anzunehmen.

Beispielsweise wird die lebensweltorientierte Soziale Arbeit nach Thiersch und Böhnisch nicht umhin kommen, sich verstärkt mit digitalen Lebenswelten auseinanderzusetzen. Ebenso wird der postmoderne Ansatz nach Kleve et al. die Digitalisierung intensiver als einen Gegenstand der Betrachtung heranziehen müssen[50].

7. Soziale Arbeit behandelt Digitalisierung in ihren Aus- und Weiterbildungsgängen umfassend und erarbeitet mit der Praxis Qualitätsstandards sowie fachlich adäquate Methoden

Fragen der digitalen Transformation müssen fester Bestandteil der Aus- und Weiterbildung Sozialer Arbeit sein. Neben der Vermittlung

---

[50] Thole, Werner, [HerausgeberIn], & Bock, Karin. (2002). Grundriss soziale Arbeit: Ein einführendes Handbuch. S. 25–36

medientheoretischer und medientechnischer Grundlagen sowie den Vor- und Nachteilen der Digitalisierung sind insbesondere auch Austauschmöglichkeiten zwischen Lehre, Forschung und Praxis anzustreben, um die Erfahrungen, Chancen und Herausforderungen zu reflektieren und Methoden weiterzuentwickeln.

Degenhardt versucht eine Bestandsaufnahme zum Einsatz digitaler Technologien in sozialen Organisationen mit Ausblick auf die damit einhergehenden digitalen Kompetenzen. Das vorhandene digitale Wissen bezieht sich auf die Nutzung von Fachanwendungen, sofern diese eingesetzt werden. Darüber hinaus sind die interne und externe Kommunikation und Information eine gängige Anwendung. Diese läuft vielfach noch über E-Mail und Information im Intranet oder über Verlinkungen auf Webseiten im (allgemein zugänglichen) Internet. Spärlicher wird es mit Organisationen, die den Austausch von Wissen digital unterstützen oder Besprechungen noch in Präsenz durchführen, obwohl die Wege der Mitarbeiter*innen mitunter weit sind. [51] Die COVID-19 Krise hat hier gezeigt, dass es auch anders geht. Dieser Weg muss – ggfs. geordnet und auf datenschutzrechtlich sichere Beine gestellt – weitergegangen werden.

Viele Organisationen nutzten bisher noch keine digitalen Angebote in der Arbeitsplatzgestaltung. So stellte beispielsweise die Möglichkeit mobil oder aus dem Home-Office zu arbeiten – jedenfalls vor der COVID-19 Krise – noch eine Seltenheit dar.[52]

Eine Studie, die den Einfluss der Digitalisierung auf die Arbeit in der Sozialwirtschaft untersucht, beschreibt, dass die Beschäftigung der Sozialen Arbeit mit dem Thema Digitalisierung stärker auf der Tagesordnung steht, als etwa im Gesundheitswesen. Die Aufmerksamkeit ist gegeben, jedoch wird die Debatte noch wenig empirisch fundiert geführt. Von daher gibt es wenige Beiträge, die Veränderungen der Arbeitsweisen von Sozialarbeiter*innen konkretisieren.[53]

Am Beispiel Onlineberatung wird ersichtlich, wie weit der Einfluss der Digitalisierung auf die Profession der Sozialen Arbeit bereits fortgeschritten ist. Die Beratung wird interaktiv zwischen Ratsuchenden und Beratungspersonen digital über das Internet gestaltet. Dabei kommt spezielle Software zum Einsatz, die die Kommunikation

[51] Degenhardt (2018), S. 262
[52] Degenhardt (2018), S. 262
[53] Becka et al. (2017), S. 19

sicher gestaltet, indem die Übertragung verschlüsselt wird.[54] Zu unterscheiden ist die Onlineberatung von Selbsthilfeportalen, die den helfenden Austausch von hilfesuchenden Personen untereinander pflegen sowie von automatisierten Programmen (Bots), bei denen ein Algorithmus Antworten auf Fragen gibt.[55] Onlineberatung erfordert sowohl neue strukturelle als auch fachliche Voraussetzungen, weil sie anders als Präsenzberatung funktioniert.

Der Austausch zwischen Ratsuchenden und Beratungsperson findet orts- und ggf. zeitungebunden und mitunter textbasiert statt. Nonverbale Signale fallen weg. Beziehungsaufbau muss ohne Face-to-Face-Interaktion gelingen. Onlineberatung muss gelernt sein, nicht nur systemtechnisch, sondern auch fachlich-methodisch.[56]

Durch den digitalen Wandel verändert sich somit auch der Arbeitsalltag der Sozialarbeiter*innen. Dadurch entstehen neue (digitale) Anforderungen an die Fachkräfte der Sozialen Arbeit. Das Modell zur medienpädagogischen Kompetenz für Fachkräfte der Sozialen Arbeit von Siller et al. spiegelt wesentliche Dimensionen der (digitalen) Anforderungen von Sozialarbeiter*innen wieder. Die Ziele, auf welches sich das Modell bezieht, orientieren sich an den formulierten Zielen des Deutschen Berufsverbands für Soziale Arbeit. Die Autor*innen empfehlen diese sechs Dimensionen auch in der Ausbildung und Weiterbildung von Sozialarbeiter*innen zu berücksichtigen[57]:

1. Orientierungswissen über eine mediatisierte Gesellschaft, über mediale und technologische Entwicklungen im Zusammenspiel mit sozialen und kulturellen Wandlungsprozessen;
2. Kenntnisse über die Auswirkungen der Entwicklungen in der mediatisierten Gesellschaft auf Lebenswelten und Lebenslagen der Adressat*innen sowie
3. eigene Medienkompetenz in Verbindung mit Kenntnissen und Fähigkeiten im Umgang mit Medien in der Gesellschaft.

Zudem sind medienpädagogische Analyse- und Gestaltungsfähigkeiten erforderlich für Entscheidungen über

4. geeignete Methoden, Medien und evtl. Technologien für die Handlungsfelder sowie Identifizierung relevanter Themen;

---

54 Reindl (2018), S. 103

55 Thiery (2015) zitiert nach Reindl (2018), S. 103

56 Reindl (2018), S. 105

57 Siller et al. (2020), S. 326 f.

5. die Gestaltung von medialen Bildungsräumen und Förderung von Medienkompetenz;
6. die Entwicklung des organisationalen Rahmens zur Ermöglichung von Medienkompetenz und Medienbildung in der sozialarbeiterischen Praxis.

<table>
<tr><td>III. Ziele der Sozialen Arbeit</td><td colspan="3">• Erkennen und Bewältigen von sozialen Problemen
• Förderung von Teilhabe, Partizipation und Chancengleichheit
• Unterstützung eines gelingenden Lebens
• Reduzierung von sozialer (auch digitaler) Ungleichheit</td></tr>
<tr><td>II. Analyse- und Handlungsebene</td><td>4. Beurteilung und Auswahl von angemessenen Medien, Technologien und Methoden und Identifizierung von Themen für die Handlungsfelder</td><td>5. Gestaltung von medialen Bildungsräumen und Förderung von Medienkompetenz</td><td>6. Entwicklung des organisationalen Rahmens zur Ermöglichung von Medienkompetenz und Medienbildung in der sozialarbeiterischen Praxis</td></tr>
<tr><td>I. Grundlagen</td><td colspan="3">1. Orientierungswissen über die mediatisierte Gesellschaft
2. Kenntnisse über Lebenswelten und Lebenslagen der Adressat*innen
3. Eigene Medienkompetenz der Sozialarbeiter*innen</td></tr>
</table>

Abbildung 5: Medienpädagogische Kompetenz für Fachkräfte der Sozialen Arbeit nach Siller et al.[58]

58 Siller et al. (2020), S. 327

3.1.2 Trippelmandat

Die Tätigkeit als Fachkraft in der Sozialen Arbeit bringt stete Veränderungen mit sich, denn jede*r Klient*in ist individuell; von daher müssen Sozialarbeiter*innen sich in jedem Fall auf neue Situationen einstellen können. Mit Veränderungen im Arbeitsfeld umzugehen, auch konzeptionell, gehört seit jeher zu den Fähigkeiten von Fachkräften in der Sozialen Arbeit. Sie müssen in der Lage sein, Zustände von Personen und sozialen Situationen zu erfassen, wie auch zu gestalten. Dieser professionelle Kontext erfordert darüber hinaus die Reflexion des Auftrages und der eigenen Rolle.[59]

Der digitale Wandel beeinflusst die Arbeit der Sozialarbeiter*innen auf drei wesentlichen Ebenen:

- Sozialarbeiter*innen als Arbeitnehmer*innen
- Sozialarbeiter*innen in der Zusammenarbeit mit Klient*innen
- Sozialarbeiter*innen als Berater*innen von Klient*innen

Durch die Digitalisierung verändern sich die Forderungen der Arbeitgeber*innen an die Arbeitnehmer*innen sowie die Rahmenbedingungen in der Organisation. Schon bei der Bewerbung setzen Arbeitgeber*innen oft digitale Kompetenzen voraus. Diese werden meist implizit, aber auch explizit verlangt. Zu den gewünschten Kompetenzen gehören insbesondere Softwarekenntnisse, die Fähigkeit digital zu kommunizieren und ein sicherer Umgang mit PC und Internet. Zudem verlangen einige Organisationen, dass ihre neuen Mitarbeiter*innen datenschutzkonform handeln können.

Wesentlich ist auch, ob die Organisation ihren Arbeitnehmer*innen Weiterbildungsangebote zum Thema Soziale Arbeit und Digitalisierung bereitstellt. Für den Umgang mit technischen und digitalen Hilfsmitteln sowie zur digitalen Kommunikation mit Klient*innen sind gewisse Regelungen von Seiten der Organisation notwendig, welche das Arbeiten als Fachkraft der Sozialen Arbeit prägen.

Auch die gemeinsame Arbeit mit den Klient*innen selbst wird durch den digitalen Wandel beeinflusst. Neue Kompetenzen, vor allem digitale, werden nun für die Zusammenarbeit notwendig. Besonders Anträge und Formulare können vermehrt über die behörden- bzw. institutionseigenen Websites abgerufen, ausgefüllt und digital

[59] Stüwe/Ermel (2019), S. 72

abgegeben werden – wenn sie von den Sozialarbeiter*innen auch gefunden werden. In Österreich ist ein eAMS-Konto[60],[61] und dessen Benutzung unumgänglich, um Arbeitslosengeld zu beziehen. Auch das Schreiben von Bewerbungsunterlagen in einem Textverarbeitungsprogramm gehört für Klient*innen zu Grundfähigkeiten – oder sollte zumindest dazu gehören – um sich für eine neue Arbeitsstelle zu bewerben. Die Möglichkeiten werden bunter, schneller und zahlreicher im digitalen Netz. Dabei sind digitale Kompetenzen nötig, um sich auch darin zurechtzufinden und die Möglichkeiten adäquat für und mit den Klient*innen nutzen zu können.

Die Digitalisierung durchdringt beinahe alle Lebensbereiche der Gesellschaft, damit geht auch eine Veränderung der Lebenswelten der Klient*innen einher. Diese neuen digitalen Lebenswelten bringen neue Anforderungen für die Sozialarbeiter*innen in der Beratung, Betreuung und Begleitung mit sich. Einige Beispiele für digitale Themen sind „Cybermobbing", „ständige Erreichbarkeit durch das Smartphone" oder auch „Internetsucht". In Kapitel 3.4 wird noch näher auf die digitalen Lebenswelten und die daraus entstehenden Themen Bezug genommen.

Jede der genannten drei Ebenen, formuliert einen Auftrag an die Sozialarbeiter*innen, welchen es bisher noch nicht gegeben hat. Diese Aufträge können auch als Trippelmandat in der Sozialen Arbeit beschrieben werden, welches durch die Digitalisierung hervorgerufen wurde.

---

[60] AMS bedeutet Arbeitsmarktservice. Im Falle von Arbeitslosigkeit muss sich eine Person beim AMS arbeitssuchend melden. Somit ist sie sozialversichert und kann bei Erfüllung der erforderlichen Voraussetzungen Arbeitslosengeld beziehen. Wichtig dabei ist als digitales Tool das eAMS-Konto, zu dem jede arbeitssuchend gemeldete Person einen Zugang erhält. Dieses Online-Portal dient zur Kommunikation mit AMS-Berater*innen, als Zugang zum Jobportal sowie zu den AMS-Leistungen.

[61] https://www.ams.at/arbeitsuchende/arbeitslos-was-tun/eams-konto--ein-konto--viele-vorteile, Zugriff am 1. Juni 2020

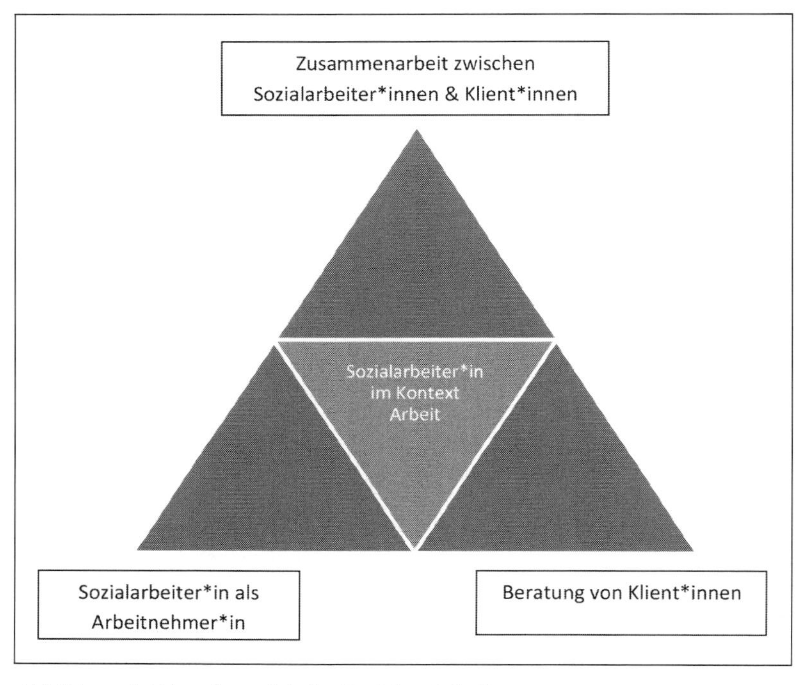

Abbildung 6: Trippelmandat der Sozialen Arbeit

Der Auftrag als Arbeitnehmer*in könnte wie folgt lauten:

- „Halte dich an Rahmenbedingungen der Organisation."
- „Bringe digitale Kompetenzen in deine Arbeit mit und wende sie an."
- „Nehme digitale Weiterbildungsangebote an, wenn sie bestehen."

Der Auftrag in der Zusammenarbeit zwischen Sozialarbeiter*in und Klient*in könnte folgend formuliert werden:

- „Unterstütze mich, mich in der digitalen Welt und ihren Angeboten zurechtzufinden."
- „Unterstütze mich in der Benutzung von digitalen Tools".
- „Unterstütze mich, um meine digitalen Kompetenzen zu erweitern."
- „Kommuniziere mit mir so, wie es für mich am leichtesten ist."

Der Auftrag in der Beratung, Begleitung und Betreuung der Klient*innen könnte demnach so beschrieben werden:

- „Verstehe meine (digitale) Lebenswelt."
- „Bringe Wissen über meine (digitalen) Beratungsthemen mit."
- „Unterstütze mich dabei, meine digitalen Beratungsthemen zu meistern."

Wie die Abbildung 6 zeigt, sind die drei Ebenen miteinander verbunden und beeinflussen sich gegenseitig. Betrachtet man die Ebene „Sozialarbeiter*innen als Arbeitnehmer*innen", wird klar, dass die Organisation hier wesentlich auf die anderen zwei Ebenen wirkt. Gibt es Rahmenbedingungen der Organisation, welche beispielsweise die Kommunikation zwischen dem Klientel und den Sozialarbeitenden regeln, dann müssen sich die Fachkräfte der Sozialen Arbeit daran halten. Auch wenn sich der*die Klient*in wünscht über WhatsApp zu kommunizieren, ist es in der praktischen Arbeit nicht möglich, wenn die Regelungen der Organisation dies verbieten. Das Gleiche gilt für die Bereitstellung der notwendigen digitalen Infrastruktur. Gibt es diese nicht, hat die Fachkraft nur einen beschränkten Handlungsspielraum, um dem Auftrag der Klient*innen, digitale Kompetenzen zu vermitteln, gerecht zu werden. Um die Klient*innen adäquat in der digitalen Welt unterstützen zu können, benötigt es ein spezifisches Wissen von Seiten der Sozialarbeiter*innen. Wird dieses digitale Wissen im Weiterbildungsangebot der Organisation angeboten, dann können die Sozialarbeiter*innen den Auftrag der Klient*innen schneller und umfassender erfüllen. Es handelt sich hier jedoch nicht um eine Einbahnstraße, welche als Ausgangspunkt die Rahmenbedingungen der Organisation und als Endpunkt die Zusammenarbeit zwischen den Sozialarbeiter*innen und den Klient*innen darstellt. Im Gegenteil – auch die Bedürfnisse, Wünsche und Notwendigkeiten, welche die Klient*innen an die Sozialarbeiter*innen in der Zusammenarbeit herantragen, können (und sollten!) von der Organisation aufgenommen und verarbeitet werden. So können auch Rahmenbedingungen, Regelungen und Weiterbildungsangebote der Nachfrage in gewissen Maß angepasst werden. Die digitalen Weiterbildungen, welche die Organisation anbietet, prägen das Wissen über digitale Lebenswelten und Themen der Fachkräfte. Je mehr die Sozialarbeiter*innen in diesem Bereich ausgebildet werden, desto flexibler können sie in der Beratung der Klient*innen agieren. Im Umkehrschluss können auch digitale Themen von Klient*innen der Anlass sein, um neue Weiterbildungsangebote für die Mitarbeiter*innen zu installieren. Auch die Ebenen „Zusammenarbeit zwischen Klient*innen und Sozialarbeiter*innen" und „Beratung von Klient*innen" können sich gegenseitig beeinflussen. So können erworbene digitale Kompetenzen den Klient*innen eventuell dabei helfen, digitale Themen zu lösen oder gar nicht entstehen zu lassen. Wenn beispielsweise der*die Klient*in über Sicherheit im Netz lernt und die Fähigkeit entwickelt Betrugsformen im Internet zu erkennen, wird die Wahrscheinlichkeit geringer, dass er bzw. sie auf „faule" Angebote bzw. Betrugsversuche im Netz hereinfällt. Digitale Themen können die Klient*innen aber auch dazu bringen, sich in einer bestimmten digitalen Kompetenz weiterbilden zu wollen. In der Beratung wird sichtbar, dass der*die Klient*in Informationen im Netz sofort Glauben schenkt und oftmals Fake News als wahr bewertet. Es stellt sich dann im Gespräch heraus, dass der*die Klient*in gerne lernen möchte, wie Informationen im Internet auf ihre Seriosität überprüft werden können.

Daraus ergibt sich folgende Frage für die Soziale Arbeit: „Wie könnte eine advokatorische Soziale Arbeit in der digitalen Gesellschaft aussehen, die die derzeitigen gesellschaftlichen Entwicklungen ernst nimmt, digitale Perspektiven für sich und ihre Klientel emanzipatorisch aufgreift, ihre eigenen Angebotsstrukturen weiterentwickelt und sich dennoch ihrer bisherigen Werte und erfolgreichen (analogen) Formen gewahr bleibt?"[62]

Eine Frage, auf welche es keine klare und einfache Antwort gibt. Dennoch ist sie wesentlich für das Berufsbild der Sozialarbeiter*innen. Die digitale Ethik könnte zur Beantwortung dieser Frage hilfreich sein. Denn die Erklärung ethischer Grundsätze (Code of Ethics) der International Federation of Social Work (IFSW) gilt in der Sozialen Arbeit als Grundlage für professionelles Handeln. Wieso sollte es dann nicht auch ethische Grundsätze für ein professionelles digitales Handeln in der Sozialen Arbeit geben?[63] Die digitale Ethik beschäftigt sich mit Erscheinungen der Digitalisierung und stellt sich die Frage nach dem Guten und Richtigen im Big-Data-Zeitalter.[64] Bezogen auf das Individuum bedeutet die digitale Ethik eine kritische

62 Ley/Seelmeyer (2018), S. 23
63 Stüwe/Ermel (2019), S. 128
64 Horn (2018), S. 133 f.

Reflexion über das gute Leben in einer von der Digitalisierung geprägten Welt. Im Zusammenhang mit der Sozialen Arbeit betrifft dies ethische Fragen, welche sich auf die digital-förmige Erbringung personenbezogener sozialer Dienstleistungen (z. B. welche Handlungsspielräume sind mit bestimmten digitalen Formen und Praktiken verbunden) sowie auf die Folgen (z. B. Autonomieeinschränkung, Verantwortungsfragen), die sich aus der Nutzung bestimmter digitaler Dienste ergeben, beziehen.[65]

Campayo[66] identifiziert vier Ebenen, welche das professionelle Handeln mit Blick auf die Digitalisierung tangieren und ethische Reflexion benötigen:

1. Ebene: Medienpädagogische Methodenorientierung
2. Ebene: Digitalisierte Erbringungsformen in der Sozialen Arbeit
3. Ebene: IT-Einsatz in administrativen Handlungsvollzügen
4. Ebene: Nutzung von Social Media und mobile Medien

Die erste Ebene bezieht sich auf medienpädagogische Methoden, welche zunehmend in der täglichen Arbeit von Sozialarbeiter*innen verwendet werden. Darunter fallen beispielsweise die Bereitstellung digitaler Technologien oder verschiedene digitale Formen von Beteiligungsverfahren für Klient*innen in der Fallführung.[67] In diesem Zusammenhang benötigen die Sozialarbeiter*innen Kompetenzen zur Beurteilung und Auswahl von adäquaten Technologien, Medien und Methoden sowie zur Identifizierung von relevanten Themen und Problematiken für die Soziale Arbeit.[68] In diesem Kontext stellen sich somit ethische Fragen der Verantwortungsübernahme, Teilhabe sowie des Schutzes und der Autonomie der Klient*innen.

Die zweite Ebene beschreibt die digitalisierten Erbringungsformen (z. B. Onlineberatung) in der Sozialen Arbeit. Es entsteht somit ein virtueller Raum, welcher nach anderen Logiken wie im realen Leben abläuft und damit auch die Handlungsoptionen für das professionelle Handeln verändert. Die Sozialarbeiter*innen brauchen demnach ein verändertes Aufmerksamkeits-, Reaktions- und Aktionsverhalten als in Face-to-face-Situationen. Dieser neue digitale Raum bedarf auch einer Reflexion der Methoden der Sozialen Arbeit sowie

[65] Kutscher (2020), S. 348 f.
[66] Campayo (2020), S. 292 ff.
[67] Campayo (2020), S. 292
[68] Siller et al. (2020), S. 329

der Digitalisierung als Rahmenbedingung. Der digitale Raum kann als erweiterte Lebenswelt der Klient*innen wahrgenommen werden, jedoch entstehen hier auch neue Formen von Kontrolle und Autonomieverlust. Inwieweit dürfen bzw. sollen die Sozialarbeiter*innen den Klient*innen im digitalen Raum begegnen? Darüber hinaus stellt sich durch diese Erweiterung der Lebenswelt auch die Frage nach neuer Ungleichheitsreproduktion. Beispielsweise können Barrieren für Klient*innen auftreten, wenn Angebote der Sozialen Arbeit medial vermittelt werden.[69]

Die dritte Ebene thematisiert den zunehmenden IT-Einsatz in administrativen Handlungsvollzügen in sozialen Organisationen. Dieser findet vor allem in der Informationsverarbeitung und der Datenkommunikation statt. Beispiele sind hier die Implementierung von Fachsoftware zur Diagnostik oder (Interventions-)Planung und Dokumentation in Form elektronischer Fallakten. Der vermehrte Einsatz von digitalen Technologien verändert organisationale Abläufe und Verfahren und zieht eine Formalisierung des professionellen Handelns mit sich. In diesem Kontext wird potentiell auch die Deutung der Lebensverhältnisse der Klient*innen verändert sowie die Prozesse und Modi der Fallkonstruktion in der Sozialen Arbeit beeinflusst.[70] Folglich sind die Sozialarbeiter*innen aufgefordert zu reflektieren, welche Einflüsse der Einsatz von Medien und Technologien in soziale Organisationen hat.[71]

Die vierte Ebene bezieht sich auf die Nutzung von sozialen Medien und mobile Medien. Besonders hier bedarf es einer stetigen ethischen Reflexion.[72] Die sozialen Medien beruhen auf den Prinzipien der Offenlegung, des Teilens von Daten und der Überwachbarkeit. Somit werden soziale Medien im Kontext der Sozialen Arbeit zu potentiellen Mitteln der Überwachung mit „Fürsorgecharakter"[73]. Zudem haben Fachkräfte der Sozialen Arbeit die Möglichkeit auf Informationen und Daten zuzugreifen, welche ihnen ohne soziale Medien verborgen geblieben wären. So stellt sich in diesem Zusammenhang auch die Frage, wie die berufliche und private Abgrenzung

---

[69] Campayo (2020), S. 293
[70] Campayo (2020), S. 294
[71] Siller et al. (2020), S. 330
[72] Campayo (2020) S. 294
[73] Kutscher (2020), S. 350

und der Schutz der Privatsphäre auf Seiten der Klient*innen sowie der Fachkräfte selbst ermöglicht werden kann.[74]

Abschließend ist zu betonen, dass die ethische Reflexion nicht alleinig durch die Arbeitnehmer*innen stattfinden soll. Vielmehr bedarf es sowohl der individuellen als auch der organisationalen und politischen Ebene, um Fragen zur ethisch-moralischen Verantwortung in der Sozialen Arbeit zu klären.[75]

3.1.3 Veränderungen durch Digitalisierung

In der Sozialen Arbeit steht der Mensch, somit auch die Gesellschaft, im Fokus der täglichen Arbeit und ist damit „[...] permanent mit gesellschaftlichen Veränderungen konfrontiert".[76] Betrachtet man die Professionsgeschichte der Sozialen Arbeit, welche rund 200 Jahre zurückgeht, lässt sich die stete Veränderung durch historische Epochen und den damaligen gesellschaftlichen Verhältnissen erkennen. Damit war und ist die Soziale Arbeit noch immer einem ständigen Wandel unterlegen.[77] Auch Wendt beschreibt in seinem Werk „Geschichte der Sozialen Arbeit 1", dass das Schicksal sozialer Berufe von den ökonomischen und politisch-rechtlichen Bedingungen der jeweiligen Zeit geprägt und gestaltet wird.[78] Mit Veränderungen im Arbeitsfeld umzugehen, auch konzeptionell, gehört seit jeher zu den Fähigkeiten von Fachkräften in der Sozialen Arbeit.[79]

Die Digitalisierung verändert Tätigkeiten, sie nutzt dabei die Automatisierbarkeit von Arbeitsschritten und ersetzt diese ganz oder teilweise durch digitale Arbeitsmittel. Die Vorzeichen der Digitalisierung sind schon länger spürbar, wenngleich das Tempo in den letzten Jahren zugenommen hat. Die Soziale Arbeit ändert sich. Dies betrifft sowohl die Anlässe, auf welche die Soziale Arbeit eine Reaktion darstellt, die Formen, in denen sie ihren Gegenstand bearbeitet, sowie die Rahmenbedingungen, innerhalb derer sie sich vollzieht.[80]

---

[74] Kutscher (2020), S. 352
[75] Kutscher (2020), S. 359
[76] Kreidenweis (2018a), S. 16
[77] Amthor (2008), S. 1
[78] Wendt (2008), S. 1
[79] Stüwe/Ermel (2019), S. 72
[80] Kutscher et al. (2015), S. 3

Dem Monitor für Digitalisierung am Arbeitsplatz zufolge haben knapp vier Fünftel der Beschäftigten in deutschen Betrieben mit mehr als 50 Beschäftigten des privaten Sektors im Erhebungszeitraum 2011–2015 eine Veränderung in der technischen Ausstattung ihres Arbeitsplatzes erlebt. Der Anteil der Beschäftigten steigt mit dem Ausbildungslevel.[81] In Betrieben, die Möglichkeiten für Home-Office bieten, ist der Anteil von Personen am größten, die vom Arbeitgeber mit digitalen Endgeräten ausgestattet werden.[82]

In der in diesem Buch präsentierten Studie wurde die wahrgenommene Veränderung durch Digitalisierung zu einzelnen, vordefinierten Themen abgefragt (siehe Abbildung 7).

Thema	nicht	kaum	eher	sehr	Mittelwert
Dokumentation	4,9	12,4	24,7	58,1	3,4
Vernetzung mit anderen Einrichtungen	4,9	15,0	50,6	29,6	3,1
Kommunikation mit Auftraggebern	7,9	24,3	38,2	29,6	2,9
Direkte Klient*innenarbeit	12,7	50,2	24,3	12,7	2,4
Weiterbildung	14,2	39,3	35,6	10,9	2,4
Veränderung gesamt	3,00	25,1	61,4	10,5	2,8

Abbildung 7: Wahrgenommene Veränderung durch Digitalisierung je Thema

Dokumentation

Mit der Einbeziehung von Technik werden pädagogische Prozesse abstrahiert und einer Formalisierung unterworfen. Es geht darum, systematisiertes Wissen mit Hilfe von technischen Werkzeugen zu generieren und mit Fallverstehen in Einklang zu bringen.[83] Ein Beispiel für die Veränderung durch Digitalisierung ist die Dokumentation. Der Umfang, die Aufgabenbreite und die Multifunktionalität

[81] Bundesministerium für Arbeit und Soziales (2016), S. 5

[82] Bundesministerium für Arbeit und Soziales (2016), S. 9

[83] Stüwe/Ermel (2019a)

von Dokumentationstätigkeiten nehmen in Organisationen zu.[84] Auch die befragten Sozialarbeiter*innen sind durchschnittlich der Meinung, dass sich die Dokumentation durch die Digitalisierung eher bis sehr verändert hat (Mittelwert 3,4). Der Klientenakt (auch Betreuungsakt genannt) wird nicht erst seit kurzem digital geführt. Die digitale Dokumentation der Betreuung ist schon seit längerem Standard in den Einrichtungen. Gemeint ist hier jedoch hauptsächlich die Arbeit mit einem digitalen Akt, in dem sämtliche zur/zum Klient*in vorhandene Dokumente digital abgelegt werden (z. B. durch Einscannen hinzugefügt). Die Möglichkeiten digitaler Dokumentation erstreckten sich noch viel weiter. In Sozialen Unternehmen ist zumeist eine Mischform zu finden. Dokumentation kann aus verschiedenen Gründen geführt werden. Entweder als Tätigkeitsbeleg, als Dokument zur Absicherung in Situationen, die künftig möglicherweise eine Rekonstruktion des Handelns erfordert oder zur Planung und Steuerung von Hilfen. Weiters kann eine Dokumentation als Strukturierungs- und Bewertungshilfe für eine intensive fachliche Auseinandersetzung dienen, Grundlage für möglicherweise künftige gutachtliche Stellungnahmen gegenüber Gerichten sein oder die Grundlage für Evaluationen zu bestimmten Aspekten des sozialpädagogischen Handelns in einer Organisation darstellen.[85] Ley und Reichmann unterschieden hier drei typische Varianten der Dokumentation, welche sich in ihrem Charakter, ihrer Reichweite und der Verbindung unterschiedlicher Arbeitsprozesse voneinander abheben[86]:

1. *Umfassende Falldokumentationssysteme:* Diese multifunktionalen Systeme werden gleichzeitig für unterschiedliche Arbeitsbereiche genutzt und vereinen verschiedene Arbeitsanforderungen. Die Falldokumentationssysteme umfassen beispielsweise das Meldesystem bei Kindeswohlgefährdungen, Zahlbarmachungen von Buchungen, Übergabeprozesse für Fachkräfte, Controlling und Datenerfassung mit automatischen Meldungen an die Jugendhilfeplanung oder zur Erstellung von amtlichen Statistiken, auf welche übergeordnete Träger und Behörden zugreifen können. Zudem ist die Anpassung der Fachsoftware für verschiedene Zwecke und Organisationsumgebungen möglich.[87]

---

[84] Ley/Reichmann (2020), S. 241

[85] Merchel/Tenhaken (2015), S. 171 ff.

[86] Ley/Reichmann (2020), S. 242

[87] Ley/Reichmann (2020), S. 242

2. *Programm-Monitoring:* Diese digitalen Systeme werden häufig in speziellen landes-, bundes- oder EU-weiten Förderprojekten angewendet. „Hier finden sich oft webbasierte Portale zur Antragsabwicklung, in denen gleichzeitig Nachweisprozeduren, Fallmanagementsysteme, Scoring-Vorgaben usw. abgebildet werden. Die Programme versuchen, die projektbezogene Steuerung, politische Legitimation, fachliche Vernetzung, wirtschaftliche Abrechnung und Evaluation des fachlichen Handelns gleichermaßen zu bedienen."[88]
3. *Spezifische Instrumente:* Hier gibt es unterschiedliche Instrumente und Verfahren, welche zur bürokratischen Bearbeitung dienen. Dazu zählen Screening-Instrumente wie etwa Sprachstandserhebungen, diagnostische Instrumente wie sozialpädagogische Diagnosetabellen, evaluative Verfahren zur Messung von Erfolgs- und Wirksamkeitskriterien oder methodische Verfahren wie Hilfeplanung oder Anamnese. Diese Instrumente und Verfahren werden in den oben genannten Dokumentationssystemen integriert.[89]

Kommunikation

Durch die zunehmende Bedeutung digitaler Medien im alltäglichen Leben der Klient*innen und der Fachkräfte halten soziale Medien immer mehr Einzug in die Organisationen und der Arbeitswelt der Sozialarbeiter*innen selbst.[90] Die verschiedenen Arten der virtuellen Kommunikation können anhand von drei wesentlichen Akteursgruppen unterteilt werden: Klient*innen (Adressat*innen), Professionelle, Organisationen. In der folgenden Abbildung stellen Kutscher, Ley und Seelmeyer dar[91], „dass sich in der Interaktion zwischen Adressat*innen, Professionellen und Organisationen digitale Medien auf vielfältige Weise mit den jeweiligen Alltagspraktiken und Erbringungsformen Sozialer Arbeit verknüpfen." [92]

Wird der Blick auf die Akteursgruppe der Adressat*innen gerichtet, wird deutlich, dass die Lebenswelt der Adressat*innen durch Soziale Medien und mobile Medien stark geprägt ist. Spezifische Websites, Foren und Chats eröffnen den Adressat*innen neue Möglichkeiten

---

[88] Ley/Reichmann (2020), S. 242
[89] Ley/Reichmann (2020), S. 242
[90] Stüwe/Ermel (2019), S. 52
[91] Kutscher et al. (2014), S. 88
[92] Kutscher (2019a), S. 42

der Selbsthilfe und des Austausches.[93] Diese neuen Formen der Vernetzung unterstützen Adressat*innen in der Suche nach „Gleichgesinnten“ und können den Betroffenen das Gefühl geben nicht alleine zu sein. Die Niederschwelligkeit des Angebotes bietet den Sozialarbeiter*innen neue Optionen der Kontaktaufnahme bzw. der Kontakthaltung mit den Adressat*innen. Laut den befragten Sozialarbeiter*innen hat sich durchschnittlich die direkte Klient*innenarbeit kaum verändert (Mittelwert 2,4). 12,7 % sind sogar der Meinung, dass sich die direkte Klient*innenarbeit nicht gewandelt hat. Die restlichen Sozialarbeiter*innen (37,0 %) sehen sehr wohl eine eher bis sehr große Veränderung durch die Digitalisierung in der direkten Klient*innenarbeit.

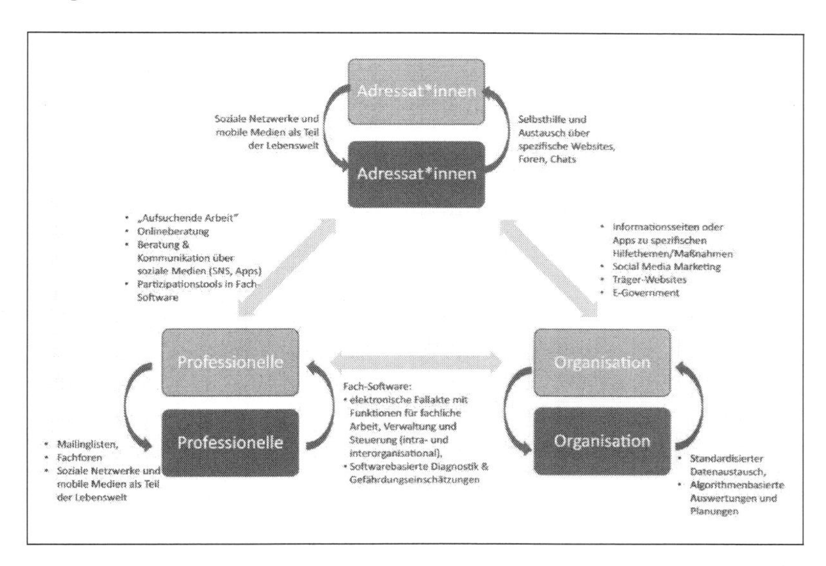

Abbildung 8: Digitale Medien in der Sozialen Arbeit nach Kutscher[94]

Wird die Akteursgruppe der Professionellen näher betrachtet, wird klar, dass Soziale Netzwerke und mobile Medien auch Teil ihrer Lebenswelt geworden sind. Es findet auch hier eine Vernetzung unter den Professionellen statt, etwa durch Mailinglisten oder Fach-

[93] Kutscher et al. (2014), S. 88

[94] Kutscher (2019a), S. 43

foren.[95] Die Vernetzung mit anderen Einrichtungen hat sich laut der Hälfte der Befragten (50,6 %) eher durch die Digitalisierung verändert. Ein knappes Drittel der Teilnehmer*innen (29,6 %) empfindet hier sogar eine große Veränderung. Die Kommunikation innerhalb der Organisation ist stark durch den Einsatz von Fachsoftware geprägt. Elektronische Fallakten werden für die fachliche Arbeit, die Verwaltung und Steuerung verwendet und softwarebasierte Diagnostik und Gefährdungseinschätzungen eröffnen neue Möglichkeiten der Fallführung.

Die Akteursgruppe der Organisation ist besonders durch standardisierten Datenaustausch, den Algorithmen basierten Auswertungen und Planungen gekennzeichnet. Neue Richtlinien und Standards werden auch von den Auftraggeber*innen verlangt. Etwas mehr als zwei Drittel der Sozialarbeiter*innen (67,8 %) sehen eine eher bis sehr große Veränderung durch die Digitalisierung im Bereich der Kommunikation mit den Auftraggeber*innen. Die Organisation kann überdies den Adressat*innen Informationen zu spezifischen Hilfethemen anbieten. Diese Informationen können entweder direkt auf der Website verfügbar sein oder die Organisation kann Apps zur Informationsvermittlung entwickeln und für die Adressat*innen bereitstellen. Darüber hinaus kann die Organisation nicht nur Informationen für ihre Adressat*innen online zur Verfügung stellen, sondern die Organisation kann auch spezielle Maßnahmen zur Unterstützung der Adressat*innen auf ihrer Website oder einer App bewerben. Dadurch wird ersichtlich, dass eine gute Öffentlichkeitsarbeit dazu beitragen kann, dass die Adressat*innen mehr über die Organisation erfahren bzw. spezifische Informationen oder Hilfestellungen bekommen.

Weiterbildung

Die Weiterbildungen im Sozialbereich haben sich laut der Mehrheit der Teilnehmer*innen (74,9 %) kaum bis eher geändert. Es lässt sich hier vermuten, dass dies zum Nachteil der Sozialarbeiter*innen geschieht. Denn mehr als die Hälfte wünscht sich gezielte Weiterbildung im Bereich digitaler Kompetenzen.

Gesamte Veränderung

Zwei Drittel der Befragten (61,4 %) empfinden insgesamt eine eher große Veränderung in ihrer Arbeit als Sozialarbeiter*in. 10,5 % der Sozialarbeiter*innen sehen sogar eine sehr große Gesamtverände-

[95] Kutscher et al. (2014), S. 88

rung durch die Digitalisierung. Lediglich 3,0 % sind der Meinung, dass es keine Veränderung durch die Digitalisierung in der Arbeit als Sozialarbeiter*in gegeben hat.

Darüber hinaus wurden die Teilnehmer*innen der Studie befragt, wie sie die Veränderungen durch die Digitalisierung empfinden. Im Diskurs doch erstaunlich, lag hier etwas weniger als vier Fünftel der Antworten bei „eher erleichternd" und „erleichternd". Die Tendenz ist also mehr als deutlich positiv.

	Prozent
erschwerend	2,2
eher erschwerend	21,0
eher erleichternd	60,3
erleichternd	16,5
Mittelwert	2,9

Abbildung 9: Empfundene Veränderung durch Digitalisierung

Im Weiteren wurden die Teilnehmer*innen an der Studie zu Erleichterungen und Erschwernissen durch die Digitalisierung befragt, um die zuvor geäußerte Empfindung operationalisieren zu können. Interessant war bei der Erstellung des Fragebogens die Sicht der Praktiker*innen – wie veränderte sich die Soziale Arbeit mit den Jahren und inwieweit hat die Digitalisierung die Soziale Arbeit bereits verändert?

3.1.4 Erleichterungen durch Digitalisierung

Ist Digitalisierung Fluch oder Segen? Diese oder ähnliche Fragen werden meist hitzig diskutiert. Dabei ist eine klare Antwort nicht möglich, denn es gibt sowohl erleichternde als auch erschwerende Faktoren durch die Digitalisierung. Diese Meinung vertreten auch die befragten Sozialarbeiter*innen, welche sowohl zu den Erleichterungen als auch zu den Erschwernissen in der Sozialen Arbeit durch die Digitalisierung befragt wurden.

Auf die Frage, ob die Digitalisierung etwas mit sich bringt, wodurch die Arbeit der Sozialarbeiter*innen erleichtert wird, geben 80,5 % der Befragten an, dass dies der Fall sei. Auch im D21 Digital Index 2018/2019, einer repräsentativen Studie der Initiative D21 für über 14-Jährige in Deutschland, erklärten 41 % der Befragten, dass es negative Auswirkungen auf ihr tägliches Leben hätte, wenn es auf einmal kein Internet und keine digitalen Geräte mehr gäbe.[96]

Ein Fünftel der Sozialarbeiter*innen (19,5 %) sind der Meinung, dass es keine Erleichterungen durch die Digitalisierung gibt.

Aber was sind nun die erleichternden Faktoren für die Soziale Arbeit? In der folgenden Abbildung werden die konkret empfundenen Entlastungen der Sozialarbeiter*innen, welche eine Erleichterung durch die Digitalisierung sehen, dargestellt. Es handelt sich hier um eine offene Frage, in welcher die Befragten (80,5 %) mehrere erleichternde Faktoren angeben konnten. In der Auswertung wurden die Antworten inhaltlich zusammengefasst und zu Kategorien zusammengefügt.

Erleichternde Faktoren	**Prozent**
Effizienteres Arbeiten (z. B. Wege finden (Navi), Vorgaben wie Datenschutz, ortsunabhängiger Zugriff auf Daten, Datenaustausch, jederzeit Verfügbarkeit von Daten)	55,6
Kommunikation mit Klient*innen und/oder Vernetzungspartner*innen (z. B. Erreichbarkeit, Terminvereinbarungen)	44,4
Dokumentation	28,2
Transparenz (z. B. Abläufe, Prozesse nachvollziehbarer, bessere Archivierung von Vorgängen)	8,3
Datenschutz	2,3

Abbildung 10: Erleichterungen durch Digitalisierung

Effizienteres Arbeiten

Mehr als die Hälfte der Sozialarbeiter*innen (55,6 %) sind der Meinung, dass die Digitalisierung ein effizienteres Arbeiten ermöglicht. Dieses gestaltet sich etwa durch einen orts- und zeitunabhängigen Zugriff auf Daten, den Datenaustausch oder durch detaillierte Vorgaben wie beispielsweise den Umgang mit persönlichen Daten. Unterlagen wie etwa Pflegegeldanträge, Versicherungsformulare oder Informationen zu bestimmten Einrichtungen sind nun jederzeit durch das Internet verfügbar und ersparen somit den Sozialarbeiter*innen das Warten auf gewisse Öffnungs- oder Dienstzeiten.

[96] Initiative D21 (2019), S. 33

Der Faktor Zeit spielt für die Befragten eine wesentliche Rolle und spiegelt sich in den Antworten der Sozialarbeiter*innen wider. Durch Navigationssysteme sowohl am Handy als auch als eigenständiges Gerät können die Sozialarbeiter*innen Wege schneller finden. Bei Recherchetätigkeiten (z. B. bei einer Recherche nach sich regelmäßig ändernden Kriterien für einen bestimmten Leistungsanspruch) bekommen die Mitarbeiter*innen schnellere Antworten und können somit den Gesamtprozess beschleunigen. Einige der Befragten nannten auch die Formatvorlagen als wesentliche Erleichterung in der Arbeit. Die Benutzung ähnlicher Programme in den Einrichtungen gestalten die Fallübergaben leichter und schneller. Durch die zunehmende Technisierung der Arbeitsabläufe und den Einsatz von fachspezifischer Software in der Fallarbeit findet vielmals eine Erleichterung der Arbeit statt, jedoch kann die Technisierung auch zu einem rationalisierenden Effekt führen.[97]

Kommunikation mit Klient*innen und/ oder Vernetzungspartner*innen

Immer wieder werden die Worte „Effizienz", „Schnelligkeit" und „Zeitersparnis" genannt. Auch die Veränderung in der Kommunikation mit den Klient*innen oder den Vernetzungspartner*innen bringt laut 44,4 % der Befragten eine Erleichterung mit sich. Besonders oft genannt wurden Erreichbarkeit und Terminvereinbarungen. Durch die digitalen Medien wird der Zugang zu bestimmten Personen leichter, da die digitalen Medien eine niederschwellige Möglichkeit der Kontaktaufnahme für die Klient*innen bedeuten.

> Die Kommunikationskultur in der Jugendarbeit ist ohne soziale Medien kaum mehr vorstellbar. Undenkbar also die Arbeit mit Jugendlichen, wenn man dafür keine digitalen Kommunikationskanäle zur Verfügung stellt. Der niederschwellige Zugang über WhatsApp (ja, es gibt aus Sicht des Datenschutzes einiges zu sagen) ermöglicht oft den schnellen, losen Kontakt zu Jugendlichen, der analog niemals stattfinden würde. Dies ist ein konkretes Beispiel aus der Vorstudie. In einem Expertengespräch wurde genau diese Problematik, dass Sozialarbeiter*innen sich in sozialen Medien bewegen können müssen, genannt.

[97] Stüwe/Ermel (2019b), S. 10

Die private Benutzung von digitalen Medien ist nicht nur bei den Klient*innen ein fester Bestandteil des Alltags, sondern auch bei den Fachkräften der Sozialen Arbeit. So könnte eine private Nutzung der digitalen Medien bei Sozialarbeiter*innen dazu führen, dass sie diese Dienste auch im beruflichen Kontext häufiger zur Kommunikation verwenden. Doch die Nutzung digitaler Medien bringt auch einige datenschutzrechtliche Fragen mit sich. Diese führen bei den Mitarbeitenden oftmals zu Verunsicherungen, ob die Verwendung eines bestimmten digitalen Kommunikationsweges rechtlich noch erlaubt ist. Daher tragen Regelungen innerhalb der Organisation für die digitale Kommunikation mit Klient*innen zu mehr Sicherheit und Transparenz bei.

Dokumentation

Etwa ein Drittel der Sozialarbeiter*innen, welche eine Erleichterung durch die Digitalisierung empfinden, sehen die Veränderungen in der Dokumentation als Entlastung. Besonders auch für Organisationen bedeuten die Prinzipien der Vereinheitlichung, Prozessfragmentierung und -verkettung eine stärkere Zweckgerichtetheit, Steuerbarkeit und Effizienz ihrer Abläufe.[98]

Durch die Vereinheitlichung der Dokumentation fällt es Sozialarbeiter*innen leichter, Kolleg*innen bei Urlaub oder Krankenständen zu vertreten sowie Klient*innen zu übernehmen. Auch die weitgehende digitale Dokumentation bringt für einige mehr Ordnung und Sicherheit. So können jegliche Dokumentationen zu jedem Zeitpunkt mit einem Mausklick für die Sozialarbeiter*innen abgerufen werden. Beispielsweise kann die Frage, ob es schon eine Befassung mit einer Familie in der Kinder- und Jugendhilfe gegeben hat, schnell und transparent beantwortet werden. Auch können E-Mails automatisch in die Dokumentation einfließen und archiviert werden. Ein wichtiger Punkt ist zudem, dass die Dokumentation von mehreren Standorten abgerufen werden kann und sich der Zugriff nicht nur auf den „Aktenschrank" im Büro beschränkt. Eine softwarebasierte Aufarbeitung von Informationen kann bei der Darstellung von Fällen helfen; ermöglicht wird auch die Nachvollziehbarkeit von Handlungen sowie eine Systematisierung von komplexen Verhältnissen. Die Übersichtlichkeit wird dadurch erhöht, was dazu beiträgt, dass Arbeitsabläufe transparenter und überprüfbarer werden. Aufgrund des örtlich uneingeschränkten Zugangs der Daten

[98] Ley/Reichmann (2020), S. 243

können diese – sofern dies zugangstechnisch erlaubt ist – von unterschiedlichen Abteilungen zur Steuerung und zum Controlling genutzt werden.[99] Somit zeigt sich, dass „eine digitale Falldokumentation bzw. eine digitale Fallakte hilft, Vorgänge zu strukturieren und zu systematisieren, sie darf aber keinesfalls die professionellen Handlungsoptionen einschränken".[100] Besonders im Zusammenhang mit computerbasierten Risikoeinschätzungen von Klient*innen gewinnt dieser Satz noch an Bedeutung (siehe zum Thema Algorithmen auch Kapitel 4.2.5).

Transparenz und Datenschutz

8,3 % der Teilnehmer*innen gaben an, dass die gewonnene Transparenz durch die Digitalisierung das Arbeiten erleichtert. Die Arbeits- und Ablaufprozesse werden nachvollziehbarer, aber auch die bessere Archivierung von Vorgängen trägt zur Transparenz bei. Lediglich 2,3 % der Sozialarbeiter*innen gaben an, eine Erleichterung durch den Datenschutz zu erfahren.

3.1.5 Erschwernisse durch Digitalisierung

Um die Auswirkungen der Veränderungen durch Digitalisierung präzisieren zu können, wurde in der Studie – neben den eben aufgezeigten Erleichterungen – auch nach den Erschwernissen durch die Digitalisierung gefragt. Die Ergebnisse zeigen, dass es auch deutlich zu einer Erschwernis durch die Digitalisierung kommt: 68,9 % gaben dies an, 31,1 % verneinten diese Aussage.

Alle jene, die die Erschwernisse durch Digitalisierung bejahten, wurden gebeten, konkret auf Inhalte einzugehen, die diese Erschwernisse ausmachen. Nur Personen, welche angegeben haben, dass sich etwas durch die Digitalisierung erschwert hat, hatten die Möglichkeit ihre Antwort zu konkretisieren.

Es handelt sich hier um eine offene Frage, in welcher die Befragten (68,9 %) Themen angeben konnten, welche durch die Digitalisierung erschwert worden sind. Eine Mehrfachnennung war möglich. In der Auswertung wurden die Antworten inhaltlich zusammengefasst und zu Kategorien zusammengefügt.

---

[99] Stüwe/Ermel(2019a), S. 92

[100] Stüwe/Ermel (2019b), S. 9

Erschwerende Faktoren	Prozent
Datenschutz	25,5
Zeit- und Arbeitsaufwand	20,1
Dokumentation	15,8
Entgrenzung (z. B. ständige Erreichbarkeit, Verfügbarkeit, Schnelllebigkeit)	12,0
Neue Themen	9,8
Digitale Probleme	8,2
Abhängigkeit der Klient*innen von Medien	6,0
Stress und Druck	6,0
Informationsflut	4,4
Kommunikation	4,3
Hilflosigkeit ohne Internet	2,7

Abbildung 11: Erschwernisse durch Digitalisierung

Die unter Abbildung 11 gelisteten Themen wurden von den Befragten als Konkretisierung der Erschwernis der Digitalisierung genannt. Die Themen „Zeit- und Arbeitsaufwand", „Entgrenzung", „Stress und Druck", „Neue Themen", „Informationsflut" können in die Kategorie „Arbeitsverdichtung" eingestuft werden.

Datenschutz

Durch die Digitalisierung entstehen neue datenschutzrechtliche Fragen. Zusätzlich bietet die seit 2017 europaweit geltende Datenschutzgrundverordnung (DSGVO) neue Richtlinien zum Umgang mit personenbezogenen Daten. Ein Viertel der Befragten (25,5 %) nennen den Datenschutz als Erschwernis. Die noch relativ neuen Bestimmungen der DSGVO können den Alltag der Sozialarbeiter*innen „verkomplizieren". Insbesondere die Vorgaben zur Verschlüsselung von E-Mails erschweren den Kontakt mit Klient*innen. Auch die verpflichtende Aufklärung über die Verwendung der Daten stellt in den Beratungsgesprächen oft einen inhaltlichen Bruch dar. In diesem Zusammenhang wird nicht nur die Ausführung der DSGVO in der Arbeit erwähnt, sondern die Befragten erwähnen auch den fehlenden Datenschutz der eigenen Person. Dies trifft insbesondere auf die Abgrenzung zwischen dem beruflichen und privaten Internetauftritt zu. Durch die digitalen Medien können Sozialarbeiter*innen nicht nur über ihre Klient*innen recherchieren, sondern auch die Klient*innen über ihre Sozialarbeiter*innen. Dadurch kann sich auch die professionelle Beziehung verändern. In der Beratung, Begleitung und Betreuung von Klient*innen können die Fachkräfte selbst entscheiden, was sie über sich und ihr Privatleben ihren Klient*innen preisgeben. Diese Steuerung wird den Sozialarbeiter*innen durch die digitalen Medien etwas erschwert.

Zeit- und Arbeitsaufwand

Etwa ein Fünftel der befragten Sozialarbeiter*innen (20,1 %) sehen einen zusätzlichen Zeit- und Arbeitsaufwand durch die Digitalisierung. Dies wird zum einen durch die entstehende Einarbeitungszeit bei neuen digitalen Tools und zum anderen bei der Umsetzung von neuen Vorgaben, Richtlinien oder Gesetzen hervorgerufen. Des Weiteren wurde die Aufarbeitungszeit von E-Mails, die steigende Bürokratie und die damit verbundenen Formulare genannt.

Man sieht, wie ambivalent diese Thematik ist, denn die Begriffe Zeitersparnis und effizienteres Arbeiten wurden auch als Erleichterung genannt. Hagemann bringt es auf den Punkt: *„In allen Arbeitsfeldern rücken spezifische Belastungen wie Arbeitsunterbrechungen, Multitasking und Zeitdruck aufgrund erhöhter Arbeitsdichte in den Vordergrund. […] Trotz einer enormen Vereinfachung von vielen Kommunikations- und Arbeitsabläufen bleibt immer weniger Zeit für diese. […] Aber Menschen nutzen Effizienzsteigerungen nicht für Muße, sondern füllen diese mit mehr Aufgaben."*[101]

Dokumentation

Auch die Dokumentation wurde für 15,8 % der Befragten durch die Digitalisierung erschwert. Hier werden oft strenge Kriterien und Vorgaben für Dokumentationsverläufe erwähnt. Besonders die ausführliche Dokumentation stellt einen Mehraufwand für die befragten Sozialarbeiter*innen dar. Eine Person gab an, dass die zunehmende Normierung zu weniger Freiraum in der individuellen sozialarbeiterischen Gestaltung führt.

---

[101] Hagemann (2017), S. 168

Entgrenzung

„Die permanente Erreichbarkeit ist u. a. die größte Herausforderung". Die Entgrenzung von Privatem und Beruflichem nannten 12 % der befragten Sozialarbeiter*innen als Erschwernis durch die Digitalisierung. Besonders häufig wurde hier die ständige Erreichbarkeit genannt. Die Befragten spüren auch die Erwartungshaltungen der Klient*innen zeitgleich auf Anfragen zu reagieren. Gleichzeitig entstehe diese Erwartungshaltung auch bei den Sozialarbeiter*innen, welche die Sorge nannten, wichtige Nachrichten nicht schnell genug zu lesen und darauf zu reagieren. In diesem Zusammenhang stellt sich die Frage, wo die Grenze zwischen dem Beruflichen und dem Privaten gezogen werden kann.

Neue Themen

Durch die Digitalisierung entstehen auch neue Themenfelder, welche in der Arbeit mit Klient*innen auftreten können. 9,8 % der befragten Sozialarbeiter*innen nannten dies explizit als Herausforderung. Unter anderem wurden Themen genannt wie etwa Internetsucht, Computerspielsucht (-probleme) oder Cybermobbing. Es wird deutlich, dass die Auseinandersetzung mit den digitalen Lebenswelten der Klient*innen sowie mit den daraus entstehenden Themen eine berufliche Anforderung der Sozialarbeiter*innen darstellt. So kann auch die Belastung durch die ständige Erreichbarkeit zum Thema eines Beratungsgespräches in der Sozialen Arbeit werden.

Digitale Probleme

„Wenn kein Internet funktioniert – geht nix mehr." Die zunehmende Digitalisierung der Arbeit bringt auch digitale Probleme hervor. Dies nennen 8,2 % der befragten Sozialarbeiter*innen. Zudem entsteht laut 2,7 % der Befragten eine Hilflosigkeit, wenn das Internet nicht funktioniert. Diese entsteht durch eine (Teil-)Abhängigkeit von digitalen Medien, Diensten und Tools.

Abhängigkeit der Klient*innen von Medien

Die Abhängigkeit der Klient*innen von Medien beeinflusst auch die Art und Weise der Beratung, Begleitung und Betreuung von Klient*innen. 6 % der befragten Sozialarbeiter*innen gaben explizit an, dass die digitale Abhängigkeit der Klient*innen eine Erschwernis für die tägliche Arbeit darstellt. Es wurde angeführt, dass Klient*innen „ständig" online seien und somit das Beratungsgespräch gestört sei. Eine weitere Person schrieb in der Befragung zu dieser Thematik: „Die Klient*innen sind in unserer Schutzeinrichtung weniger geschützt". Dies bezieht sich auf das Onlineverhalten aller Klient*innen in einer bestimmten Einrichtung. Es kann nur schwer kontrolliert werden, was die Klient*innen über andere Personen im Internet veröffentlichen.

Stress und Druck

Laut 6 % der befragten Sozialarbeiter*innen erhöht sich auch der Stress durch Leistungsdruck und ständige Erreichbarkeit. Weitere 4,4 % nannten die Informationsflut als wesentliche Erschwernis. Die Flut an E-Mails und Informationen müssten erst gefiltert werden, um gut damit arbeiten zu können.

Kommunikation

Auch die Kommunikation hat sich durch die Digitalisierung verändert. Die Befragten (4,3 %) sehen besonders die vielen unterschiedlichen Kommunikationsformen und die vorausgesetzte Verfügbarkeit über diverse Kanäle als Herausforderung für die Soziale Arbeit.

Dem Monitor für Digitalisierung am Arbeitsplatz zufolge nehmen 65 % der Beschäftigten in deutschen Betrieben mit mehr als 50 Beschäftigten des privaten Sektors eine Verdichtung der Arbeit wahr. Zwar reduzieren sich die Anforderungen an körperliche Arbeit, so die Meinung von 29 % der Beschäftigten; jedoch empfinden Beschäftigte aller Ausbildungslevels eine Verdichtung der Arbeit durch technologische Neuerungen. Mit dem Grad der Qualifizierung steigt die Zustimmung zur Aussage, dass die Informations- und Kommunikationstechnologie für eine schwer zu bewältigende Informationsflut sorgt. Drei Viertel der Führungskräfte und nahezu zwei Drittel der Beschäftigten ohne Führungsverantwortung erfahren eine Intensivierung der Arbeit aufgrund der technologischen Neuerungen.[102] Dem entgegen steht, dass 56 % der Beschäftigten eine Steigerung der eigenen Produktivität wahrnehmen.[103]

[102] Bundesministerium für Arbeit und Soziales (2016), S. 15

[103] Bundesministerium für Arbeit und Soziales (2016), S. 19

3.2 Digitale Kompetenzen in der Arbeitswelt von Sozialarbeiter*innen

Wie zuvor bereits erläutert, ist Digitalisierung ein Thema, das mit vielen Faktoren Einfluss auf die Soziale Arbeit nimmt. Welche Kompetenzen sind hilfreich oder gar zwingend notwendig, um in der beschriebenen neuen Arbeitswelt gut arbeiten zu können? Auf die sogenannten digitalen Kompetenzen wird im Folgenden näher eingegangen. Anhand der Studienergebnisse wird aufgezeigt, was die Befragten unter digitaler Kompetenz verstehen, welche Kompetenzen Sozialarbeiter*innen in der Praxis vorweisen können und wie sie sich diese angeeignet haben.

3.2.1 Digitale Kompetenz

Der Begriff „digitale Kompetenz" scheint (noch) nicht im allgemeinen Sprachgebrauch angekommen zu sein. Was Sozialarbeiter*innen unter digitaler Kompetenz verstehen, ist noch nicht eindeutig geklärt. Dies könnte am sehr umfangreichen Themenfeld liegen, denn DIE EINE Definition gibt es nicht. Vielmehr zeigen sich in unterschiedlichen Beschreibungen Erklärungsversuche als Annäherung an die sich präsentierenden Arbeits- und Lebenswelten.

Über die Hälfte der befragten Sozialarbeiter*innen, nämlich 57 %, definieren in der in diesem Buch präsentierten Studie digitale Kompetenz als

„die Fähigkeit,
Informationstechnologie sicher, effizient
und kritisch hinterfragend zu nutzen,
sowohl für den Beruf, zum Lernen,
für die Freizeit, für die Selbstentfaltung,
als auch für die Teilnahme an der Gesellschaft."

Dies war die umfangreichste der fünf verfügbaren Definitionen in der Befragung, da diese auch das Thema der Inklusion einschließt. Diese Definition beschreibt eine Fähigkeit (Handlungsorientierung), nicht einen Wissensstand (kontextualisiertes Wissen).

Abbildung 12 nennt die weiteren Definitionsversuche für digitale Kompetenz sowie die prozentuale Verteilung der Befragten. Die Definitionen wurden anhand der in der Recherchephase identifizierten Themenfelder erstellt, wobei unterschiedliche Ausprägungen formuliert wurden. So ist die Definition „Die Nutzung von Sozialen Medien" viel zu kurz gegriffen. Ziel dieser Frage war es, herauszufinden, ob eine Tendenz sichtbar wird.

Definition: Digitale Kompetenz	Prozent
Die Nutzung von Sozialen Medien.	0,4
Die Fähigkeit, Informationstechnologie sicher, effizient und kritisch hinterfragend zu nutzen, sowohl für den Beruf, zum Lernen, für die Freizeit, für die Selbstentfaltung, als auch für die Teilnahme an der Gesellschaft.	56,9
Die Fähigkeit die Veränderung der Gesellschaft mit fortschreitender Digitalisierung erfolgreich zu erkennen und zu nutzen (digitale Kommunikation, Wissen über Datenschutz, die aktuellsten Tools anwenden können).	6,4
Mit digitalen Medien und Geräten umgehen zu können. Dabei Chancen, Gefahren und Einsatzmöglichkeiten kennen und sich selbst mit Veränderungen dieser auseinandersetzen können.	24,3
Es gibt für mich keine eindeutige Definition von digitaler Kompetenz, dafür ist der Begriff zu umfangreich.	12,0

Abbildung 12: Definition: Digitale Kompetenz

Die Definition, die digitale Kompetenz als „mit digitalen Medien und Geräten umgehen zu können" beschreibt, lässt die Kompetenz für den Umgang mit sozialen und kulturellen Entwicklungen außer Acht; sie greift daher weniger weit, als jene, die von den meisten Befragten gewählt wurde. Die Definition Nummer drei, die auf die Veränderung der Gesellschaft eingeht, stellt hingegen die Technologie an sich hinten an.

Ein Versuch, digitale Kompetenzen zu beschreiben, ist der Referenzrahmen für digitale Kompetenzen, analog zum Referenzrahmen für Sprachen. Hinter dieser Entwicklung steht die Europäische Kommission und das Europäische Zentrum für die Förderung der Berufsbildung (Cedefop).[104] Ergebnis bzw. aktueller Stand ist der sogenannte

[104] siehe Näheres zur Geschichte unter https://europass.cedefop.europa.eu/de/about/history

DigComp 2.1[105] bzw. DigComp 2.2 AT für Österreich.[106] Die österreichische Variante stellt eine Weiterentwicklung des DigComp 2.1 dar. Aufgrund des Zeitpunktes der in diesem Buch präsentierten Studie wurde dort als Grundlage der DigComp 2.1 herangezogen. Da der DigComp 2.2 AT in den Ausprägungen jedoch in der Zwischenzeit präziser als der DigComp 2.1 ist, wird dieser nachfolgend näher erläutert.

Der DigComp 2.2 AT ist ein dreidimensionales Modell, das digitale Kompetenzen in sechs Bereichen beschreibt; enthalten sind darin 25 einzelne Kompetenzen sowie acht Kompetenzstufen. Die sechs Bereiche umfassen

- Grundlagen und Zugang,
- Umgang mit Informationen und Daten,
- Kommunikation und Zusammenarbeit,
- Kreation digitaler Inhalte,
- Sicherheit sowie
- Problemlösen und Weiterlernen.

Die Kompetenzstufen reichen doppelstufig von „grundlegend" bis „hoch spezialisiert". Durch die dynamischen Entwicklungen in der Digitalisierung ist der DigComp 2.2 AT eine Momentaufnahme.[107] Die Autoren des DigComp 2.2 AT vergleichen die Kompetenzstufen mit einem Baum: Der Bereich des Stammes (Stufe 1 „grundlegend" bis Stufe 4 „selbstständig") ist noch relativ überschaubar, ab Stufe 5 („fortgeschritten") wächst dieser in alle Richtungen und rasch in die Höhe und somit „ins Blaue". Abbildung 13 stellt dies grafisch dar:

[105] EU (2018)
[106] BMDW (2018)
[107] BMDW (2018), S. 8

Abbildung 13: DigComp-Kompetenzmodell 2.2 AT

Beide Modelle, sowohl das europäische wie auch das österreichische, sind nur beschreibende Modelle. Sie definieren keine Indikatoren, die Fähigkeiten und Wissen auf den unterschiedlichen Kompetenzstufen qualitativ bewertbar machen.[108] Ein Beispiel für die Operationalisierung des DigComp-Rasters für Klient*innen wird in Kapitel 3.2.8 beschrieben.

3.2.2 Selbsteinschätzung „Digitale Kompetenzen"

Zum Stand der digitalen Kompetenzen von Sozialarbeiter*innen gibt es noch kaum Daten. Deshalb wurden die Teilnehmer*innen der Studie gebeten, eine Einschätzung der eigenen digitalen Kompetenzen als Sozialarbeiter*innen abzugeben. Es war nicht Ziel der Studie, diese Selbsteinschätzung durch Testung zu verifizieren. Diese Fragestellung zielte in weiterer Folge darauf ab, herauszufinden, ob es einen Zusammenhang zwischen der Selbsteinschätzung und anderen Faktoren gibt (z. B. der Relevanz digitaler Kompetenzen).

Die Befragten konnten anhand von fünf Kategorien ihre digitale Kompetenz einschätzen. Die Bildung der abgefragten Kategorien sowie das Niveau der Kenntnisse erfolgten analog zum DigComp

[108] BMWD (2018), S. 27

2.1[109],[110], wobei das Niveau 5 eingeführt wurde, da es aus Sicht der Autoren hier deutliche Unterschiede in der Kompetenzausprägung geben kann. Gleichzeitig wird dies als ein Kritikpunkt der Version 2.1 des DigComp gesehen.

Daher ergaben sich folgende 5 Stufen, die sich wie folgt beschreiben:

- Niveau 1: Ich kann das NICHT/ich weiß das nicht.
- Niveau 2: Ich kenne mich MANCHMAL aus. Vieles mache ich, ohne die genauen Hintergründe zu kennen.
- Niveau 3: Ich kenne mich MEISTENS aus. Ich kann die beschriebenen Vorgänge auf selbstständige Art und Weise erledigen.
- Niveau 4: Ich kenne mich SEHR GUT aus und kenne darüber hinaus bei den meisten Vorgängen die Hintergründe.
- Niveau 5: Ich kenne mich AUSGEZEICHNET aus und kenne darüber hinaus nicht nur die Hintergründe, ich kann diese Vorgänge auch selbst gestalten (z. B. programmieren).

Anhand der Mittelwerte ist zu erkennen, dass die einzelnen Kompetenzen meist zwischen dem Niveau 3 „Ich kenne mich MEISTENS aus. Ich kann die beschriebenen Vorgänge auf selbstständige Art und Weise erledigen" und dem Niveau 4 „Ich kenne mich SEHR GUT aus und kenne darüber hinaus bei den meisten Vorgängen die Hintergründe" eingeschätzt werden. Drei Kompetenzen bilden hier eine Ausnahme, da diese durchschnittlich zwischen dem Niveau 2 „Ich kenne mich MANCHMAL aus. Vieles mache ich, ohne die genauen Hintergründe zu kennen" und dem Niveau 3 eingeschätzt wurden. Die Verteilungen lassen auch erkennen, dass das Niveau 5 nicht selten erreicht wird. Nur wenige der befragten Sozialarbeiter*innen kennen sich in den 14 genannten digitalen Kompetenzen AUSGEZEICHNET aus und verstehen nicht nur die Hintergründe der Tätigkeiten, sondern können auch die Vorgänge selbst gestalten.

[109] EU (2018)

[110] Zum Zeitpunkt der Fragenbogenerstellung war gültige Version des DigComp die Fassung 2.1. Seither wurde in Österreich die Version 2.2 AT veröffentlicht. Siehe dazu auch Kapitel 3.2.1.

Datenverarbeitung

Ich kann/ Ich weiß	Niveau 1	Niveau 2	Niveau 3	Niveau 4	Niveau 5	Mittelwert
… in Suchmaschinen online recherchieren.	0,4	3,4	31,8	54,7	9,7	3,7
… Informationen aus dem Internet auf Zuverlässigkeit überprüfen.	1,5	16,9	41,2	36,3	4,1	3,3
… Inhalte oder Dateien abspeichern und wieder abrufen.	0	4,5	25,5	52,8	17,2	3,8

Abbildung 14: Selbsteinschätzung Datenverarbeitung

Mehr als die Hälfte der Sozialarbeiter*innen (54,7 %) gaben an, dass sie SEHR GUT in Suchmaschinen online recherchieren können und meist die Hintergründe der Recherchevorgänge kennen (Niveau 4). Etwa ein Drittel (31,8 %) kennen sich MEISTENS aus und können die Recherchetätigkeit selbstständig erledigen (Niveau 3). 16,2 % der Befragten schätzen ihre Kompetenz „Informationen aus dem Internet auf ihre Zuverlässigkeit zu überprüfen" auf das Niveau 2, welches bedeutet, dass sie MANCHMAL die Informationen auf ihre Richtigkeit einschätzen können. Jedoch machen sie dies ohne die genauen Hintergründe zu kennen. Zwei Fünftel der Sozialarbeiter*innen (41,2 %) können MEISTENS Informationen aus dem Internet auf ihre Zuverlässigkeit überprüfen (Niveau 3) und sogar mehr als ein Drittel der Teilnehmer*innen (36,3 %) trauen sich diese Kompetenz SEHR GUT zu (Niveau 4).

Die Fähigkeit „Inhalte oder Dateien abzuspeichern und wieder abzurufen" traut sich rund ein Viertel (25,5 %) MEISTENS zu (Niveau 3) und mehr als die Hälfte der Sozialarbeiter*innen (52,8 %) sind der Meinung dies SEHR GUT zu können (Niveau 4). 17,2 % der Befragten kennen sich AUSGEZEICHNET aus, wenn sie Inhalte oder Dateien abspeichern oder wieder abrufen. Sie kennen darüber hinaus nicht nur die Hintergründe, sondern können diese Vorgänge auch selbst gestalten.

Kommunikation

Ich kann/Ich weiß	Niveau 1	Niveau 2	Niveau 3	Niveau 4	Niveau 5	Mittelwert
… mit verschiedenen Mitteln (Smartphone, E-Mail, Chat, Messengerdienste) kommunizieren.	0,4	6,7	34,1	47,2	11,6	3,6
… was eine Netiquette ist.	47,6	5,6	13,1	26,6	7,1	2,4

Abbildung 15: Selbsteinschätzung Kommunikation

Ein Drittel (34,1 %) der Sozialarbeiter*innen können MEISTENS mit verschiedenen Mitteln (Smartphone, E-Mail, Chat, Messengerdienste) kommunizieren und diese Mittel selbstständig nutzen (Niveau 3). 47,2 % der Teilnehmer*innen schätzen ihre Kompetenz auf das Niveau 4. Dies bedeutet, dass sie SEHR GUT mit verschiedenen Mitteln kommunizieren können und sogar 11,6 % sind der Meinung dies AUSGEZEICHNET zu beherrschen (Niveau 5).

Eine weitere digitale Kompetenz ist das Wissen über die Bedeutung des Begriffs „Netiquette". Netiquette beschreibt die Verhaltensregeln im Netz. Es geht um einen angemessenen und respektvollen

Umgang in der digitalen Kommunikation.[111] Ungefähr die Hälfte der Befragten (47,6 %) wissen NICHT, was eine Netiquette ist (Niveau 1). Hingegen ein Drittel der Teilnehmer*innen (26,6%) kennen den Fachbegriff „Netiquette" SEHR GUT (Niveau 4).

Erstellung von Inhalten

Ich kann/Ich weiß	Niveau 1	Niveau 2	Niveau 3	Niveau 4	Niveau 5	Mittelwert
... digitale Inhalte mittels digitaler Tools produzieren (z. B. Texte, Tabellen, Bilder, Videos).	4,9	24,0	41,6	21,3	8,2	3,0
... Serienbriefe schreiben, Texte mit Formatvorlagen formatieren und Webseiten aktualisieren.	12,0	30,0	34,8	16,9	6,4	2,7
... einfache Funktionen und Einstellungen von Software, die ich benutze, verändern (z. B. Browsereinstellungen).	9,4	28,5	33,3	24,0	4,9	2,9

Abbildung 16: Selbsteinschätzung Erstellung von Inhalten

[111] Bendel (o. J.)

Die Fähigkeit „digitale Inhalte mittels digitaler Tools zu produzieren" schätzt fast ein Viertel der Sozialarbeiter*innen (24,0 %) auf das Niveau 2. Unter digitale Tools fallen dabei sowohl Text- als auch Video-, Audio- oder Bildbearbeitungs- bzw. Verarbeitungsprogramme, die online oder offline auf den unterschiedlichen Endgeräten genutzt werden können. Dies bedeutet, dass die Sozialarbeiter*innen MANCHMAL digitale Inhalte wie etwa Texte, Tabellen, Bilder oder Videos erstellen können, jedoch die genauen Hintergründe hinter den digitalen Tools nicht verstehen. 41,6 % der Teilnehmer*innen trauen sich dies MEISTENS zu (Niveau 3) und etwa ein Fünftel (21,3%) schätzt diese Fähigkeit auf ein SEHR GUTES Niveau ein (Niveau 4). Ein Drittel der Sozialarbeiter*innen (30,0 %) schafft es nur MANCHMAL Serienbriefe zu schreiben, Texte mit Formatvorlagen zu formatieren und Webseiten zu aktualisieren, ohne die Hintergründe immer zu kennen (Niveau 2). Ein weiteres Drittel (34,8%) fühlt sich MEISTENS dazu imstande (Niveau 3).

Die Hintergründe der meisten Vorgänge verstehen etwa 16,9 % der Befragten; sie sind damit der Meinung, die genannten Kompetenzen SEHR GUT zu beherrschen (Niveau 4). Eine ähnliche Verteilung findet sich bei der digitalen Kompetenz wieder, einfache Funktionen und Einstellungen von Software, welche von der Person selbst benutzt werden, zu verändern. Hier sind beispielsweise das Ändern von Browsereinstellungen gemeint. Jeweils ein Drittel der Sozialarbeiter*innen schätzt ihre Fähigkeit auf das Niveau 2 (28,5 %) und das Niveau 3 (33,3 %). 24 % der Teilnehmer*innen sind der Meinung, einfache Funktionen und Einstellungen von Software SEHR GUT verändern zu können (Niveau 4).

Sicherheit

Ich kann/Ich weiß	Niveau 1	Niveau 2	Niveau 3	Niveau 4	Niveau 5	Mittelwert
… Maßnahmen ergreifen, um mein Gerät zu schützen (z. B. durch Anti-Viren-Programme, Passwörter).	5,6	23,6	40,8	25,8	4,1	3,0

Ich kann/Ich weiß	Niveau 1	Niveau 2	Niveau 3	Niveau 4	Niveau 5	Mittelwert
... über die Gefahren des Internets Bescheid (z. B. dass meine Anmeldedaten ausgelesen und gestohlen werden können, welche Betrugsformen es gibt)	1,5	14,6	38,6	38,6	6,7	3,3
... dass eine zu intensive Nutzung digitaler Technologien der Gesundheit schaden kann.	1,1	9,0	35,6	43,1	11,2	3,5

Abbildung 17: Selbsteinschätzung Sicherheit

Die Fähigkeit „Maßnahmen zum Schutz des eigenen Geräts zu ergreifen" bewerten beinahe ein Viertel der Sozialarbeiter*innen (23,6 %) als MANCHMAL vorhanden (Niveau 2). Etwa 40,8 % der Teilnehmer*innen ist der Ansicht, sie könne MEISTENS Maßnahmen zum Schutz des eigenen Gerätes treffen, beispielsweise durch Anti-Viren-Programme oder sichere Passwörter (Niveau 3). Das Niveau 4 erreicht ungefähr ein Viertel der Befragten (25,8 %).

Über die Gefahren des Internets wissen jeweils 38,6 % der Sozialarbeiter*innen entweder MEISTENS (Niveau 3) oder SEHR GUT (Niveau 4) Bescheid. Zu den Gefahren des Internets zählen beispielsweise das Wissen, dass Anmeldedaten einer Person ausgelesen und gestohlen werden können oder das Wissen über Betrugsformen. Lediglich 6,7 % der Teilnehmer*innen geben an, darüber AUSGEZEICHNET informiert zu sein und zugleich die Hintergründe zu kennen sowie die Vorgänge selbst gestalten zu können (Niveau 5). Über die Information, dass eine zu intensive Nutzung digitaler Technologien der Gesundheit schaden kann, wissen mehr als ein Drittel der Befragten (35,6 %) MEISTENS (Niveau 3) und 43,1 % der Befragten SEHR GUT Bescheid.

Problemlösung

Ich kann/Ich weiß	Niveau 1	Niveau 2	Niveau 3	Niveau 4	Niveau 5	Mittelwert
… selbstständig Unterstützung und Hilfestellung finden, wenn ein technisches Problem auftritt oder wenn ich ein neues Gerät/Programm benutze.	4,1	17,2	39,7	31,1	7,9	3,2
… alltägliche digitale Probleme lösen.	2,6	20,2	43,1	26,6	7,5	3,3
… meine digitalen Fähigkeiten auf dem Laufenden halten.	2,6	24,3	43,4	25,1	4,5	3,0
… eine Person ausfindig machen, die mir bei der Lösung von technischen Fragen und Problemen hilft.	1,1	3,7	24,3	49,4	21,3	3,9

Abbildung 18: Selbsteinschätzung Problemlösung

39,7 % der Sozialarbeiter*innen können MEISTENS selbstständig Unterstützung und Hilfestellung finden, wenn ein technisches Problem auftritt oder wenn sie ein neues Gerät, ein neues Programm benutzen (Niveau 3). 31,1 % der Befragten haben diese Fähigkeit als SEHR GUT eingeschätzt (Niveau 4). Die digitale Kompetenz „alltägliche digitale Probleme zu lösen" schätzen ein Fünftel (20,2 %) als MANCHMAL vorhanden ein, jedoch kennen sie meist die genauen Hintergründe nicht. Alltägliche digitale Probleme auf eine selbstständige Art und Weise zu lösen gelingt MEISTENS 43,1 % der Sozialarbeiter*innen (Niveau 3), 25,1 % schaffen dies SEHR GUT (Niveau 4). Jeweils ein Viertel der Befragten schafft es entweder MANCHMAL (Niveau 2) oder SEHR GUT (Niveau 4) die eigenen digitalen Fähigkeiten auf dem Laufenden zu halten. 43,4 % der Sozialarbeiter*innen gelingt es MEISTENS (Niveau 3). Ungefähr die Hälfte der Befragten (49,4 %) kann SEHR GUT eine Person ausfindig machen, die bei der Lösung von technischen Fragen und Problemen hilft (Niveau 4). Ein Fünftel der Teilnehmer*innen gab an, dies sogar AUSGEZEICHNET zu können (Niveau 5).

Bei den erfragten eigenen digitalen Kompetenzen konnten keine einheitlichen Gruppierungen abgeleitet werden. Dies kann bedeuten, dass einzelne digitale Kompetenzen untereinander nicht zwingend miteinander zusammenhängen. Beispielsweise kann jemand online recherchieren, er kann die Inhalte aber deshalb nicht automatisch auf Zuverlässigkeit überprüfen. Es ist damit davon auszugehen, dass eine Vielzahl digitaler Kompetenzen bei einer Person vorliegen kann, diese aber lose nebeneinanderstehen und nicht in Zusammenhang gebracht werden. Auch möglich ist, dass es Teilkompetenzen gibt – Recherche ja, Prüfung des Ergebnisses nein.

Möglicherweise besteht hier ein Zusammenhang mit autodidaktischem Erlernen digitaler Kompetenzen. 83,5 % der Befragten gaben an, sich ihre digitalen Kompetenzen selbst beigebracht zu haben (vgl. Abbildung 19).

Ebenso könnte die Vielfältigkeit der Arbeitsbereiche von Sozialarbeiter*innen eine Rolle spielen. Es ist davon auszugehen, dass Sozialarbeiter*innen, die mit Jugendlichen arbeiten, andere digitale Kompetenzen benötigen als Sozialarbeiter*innen in einer Schuldenberatungseinrichtung.

Im D21 Digital Index 2018/2019, einer repräsentativen Studie der Initiative D21 für über 14-Jährige in Deutschland, wird erläutert, dass die Mehrheit der Befragten nach wie vor die meisten Fachbegriffe aus der digitalen Welt nicht kennen. Je spezifischer der Begriff, desto geringer die Kenntnisse. In der Studie wurde die Selbsteinschätzung durch konkretes Nachfragen mittels Definitionen hinterfragt. Dabei stellte sich heraus, dass deutlich weniger Personen, die angaben, die Fachbegriffe der digitalen Welt zu kennen, auch tatsächlich die richtige Definition wählten. Zum Beispiel meinten 41 % der Befragten, den Begriff Algorithmus erklären zu können, aber bei konkreter Nachfrage wählten nur 30 % die korrekte Definition.[112] Unter diesem Aspekt ist auch die Selbsteinschätzung der Befragten zur eigenen digitalen Kompetenz der in diesem Buch präsentierten Studie zu betrachten.

3.2.3 Aneignung digitaler Kompetenzen

Digitale Kompetenzen können vielfältig sein und müssen nicht zwingend in einem bestimmten Bereich (beispielsweise Sicherheit, Problemlösungskompetenz oder Wissen über Fachbegriffe) gleichmäßig verteilt und ausgeprägt sein. Auch die Befragung der Sozialarbeiter*innen hat gezeigt, dass die selbst eingeschätzten digitalen Kompetenzen in keinen eindeutigen statistischen Zusammenhang mit den jeweiligen Kompetenzfeldern und deren Ausprägungen gebracht werden konnten. Eine These dafür könnte sein, dass die Sozialarbeiter*innen auf unterschiedliche Arten und Weisen ihre digitalen Kompetenzen je nach Bedarf und Möglichkeit erworben haben. Zudem werden digitale Kompetenzen nicht einmalig erworben, sondern lebenslang erlernt und verfestigt.

Die Abbildung 19 zeigt, wie sich die Sozialarbeiter*innen ihre digitalen Kompetenzen angeeignet haben. Da eine Person digitale Kompetenzen in unterschiedlichen Lebensbereichen erwirbt, konnten die Befragten mehrere Antworten auswählen.

Der Großteil der befragten Sozialarbeiter*innen hat sich die vorhandenen digitalen Kompetenzen autodidaktisch angeeignet.

[112] Initiative D21 (2019), S. 29 ff.

Aneignungsform	Prozent
Autodidaktisch	83,5
Von Kolleg*innen	52,4
Ausbildung oder Studium	52,1
Einschulung	34,8
Einschlägige Weiterbildung im Beruf	22,5
Schulung in der Freizeit	13,5

Abbildung 19: Aneignung digitaler Kompetenzen

Kennzeichnend ist, dass der Großteil der Sozialarbeiter*innen (83,5 %) sich einen Teil ihrer digitalen Kompetenzen autodidaktisch beigebracht haben. Mehr als die Hälfte der Teilnehmer*innen haben sich diese durch Kolleg*innen (52,4 %) oder in ihrer Ausbildung/Studium (52,1 %) angeeignet. Dadurch wird sichtbar, dass die Hochschule ein wichtiger Ort ist, um digitale Kompetenzen zu erwerben. Fraglich ist, wie die Personen im Konkreten digitale Kompetenzen in ihrer Ausbildung/Studium erlernt haben. Einerseits gibt es digitale Anforderungen in den Hochschulen, welche die Studierenden erfüllen müssen, um ihre Lehrveranstaltungen positiv abzuschließen – beispielsweise das Recherchieren seriöser Informationen im Internet, das Erstellen wissenschaftlicher Arbeiten in einem Textverarbeitungsprogramm oder die Verwendung von digitalen Lernplattformen. Daher sind die Studierenden darauf angewiesen, sich diese digitalen Kompetenzen – soweit sie nicht bereits vorhanden sind – anzueignen. Diese Kompetenzen können entweder autodidaktisch, durch Kolleg*innen oder im Rahmen von Lehrveranstaltungen erworben werden. Andererseits kann die Hochschule durch die Inhalte im Curriculum gezielt Studierenden digitale Kompetenzen, besonders in Bezug auf Soziale Arbeit, vermitteln. Auf die explizite Frage, ob digitale Kompetenzen in der Ausbildung[113] zum/

[113] Das Wort Ausbildung wurde hier bewusst gewählt, weil Sozialarbeiter*innen in Österreich erst seit 2001 die Möglichkeit der Ausbildung in Form eines Studiums haben. Zuvor gab es eine Ausbildung zum/zur DSA = Diplomierten Sozialarbeiter*in an der Sozialakademie. Mit Ausbildung sind beide Gruppen gemeint.

zur Sozialarbeiter*in vermittelt wurden, gaben lediglich 6,4 % an, dass dies der Fall gewesen sei. Im Rahmen der Einschulung am Arbeitsplatz konnten 34,8 % der Befragten digitale Kompetenzen erwerben. 22,3 % der Sozialarbeiter*innen gaben an, digitale Kompetenzen durch einschlägige Weiterbildungen im Beruf selbst erlernt zu haben. Lediglich 13,5 % der Teilnehmer*innen eigneten sich digitale Kompetenzen durch Schulungen in der Freizeit an.

Im D21 Digital Index 2018/2019, einer repräsentativen Studie der Initiative D21 für über 14-Jährige in Deutschland, gab gut die Hälfte der Befragten an, Kompetenzen im Umgang mit Computer und Internet autodidaktisch zu erwerben. Durch Ausprobieren kommen also 58 % der Befragten zu mehr Kompetenzen. Etwas mehr als ein Drittel sucht gezielt nach Lösungswegen im Internet.[114]

3.2.4 Bedeutung digitaler Kompetenzen

Relevanz, Skepsis werden wichtiger in der Zukunft

Die Bedeutung, die Sozialarbeiter*innen der Digitalisierung in ihrem Arbeitsbereich beimessen, sollte durch drei Fragen beantwortet werden:

- Relevanz digitaler Kompetenzen im Arbeitsalltag
- Skepsis der Digitalisierung gegenüber
- Persönliche Einschätzung nach der Wichtigkeit digitaler Kompetenzen in der Zukunft

Mehr als vier Fünftel aller Befragten geben an, dass sie digitale Kompetenzen für eher bis sehr relevant halten.

Bedeutungsgrad	Prozent
Nicht relevant	0,7
Kaum relevant	15,4
Eher relevant	56,6
Sehr relevant	27,3
Mittelwert	3,1

Abbildung 20: Relevanz digitaler Kompetenzen

[114] Initiative D21 (2019), S. 58

Der Großteil der Sozialarbeiter*innen gab an, dass digitale Kompetenzen eher (56,6 %) bis sehr relevant (27,3 %) für die Soziale Arbeit sind. 15,4 % der Befragten schätzen die digitalen Kompetenzen als kaum relevant ein und nur 0,7 % der Teilnehmer*innen sind der Meinung, dass digitale Kompetenzen keine Relevanz für die Sozialarbeit haben. Daher haben digitale Kompetenzen bei den Sozialarbeiter*innen durchschnittlich eher eine Relevanz (Mittelwert bei 3,1).

Sozialarbeiter*innen wird pauschal häufig eine gewisse Skepsis digitalen Neuerungen gegenüber unterstellt. Diese zeigt sich jedoch nicht in den Ergebnissen. Insgesamt 53,2 % der befragten Sozialarbeiter*innen stehen der Digitalisierung nicht oder kaum skeptisch gegenüber.

Die Mehrheit der Sozialarbeiter*innen (83,9 %) ist davon eher bis voll überzeugt, dass digitale Kompetenzen im Sozialbereich immer wichtiger werden, lediglich 9,3 % sehen das nicht so.

3.2.5 Digitale Selbstwirksamkeit

Auffallend bei den Expert*innengesprächen der Vorstudie war die Tatsache, dass es einen Unterschied in der Ausprägung digitaler Kompetenzen zu geben scheint, welche sich nicht durch Unterschiede in Aus- und Weiterbildung erklären lassen. Die Barrieren, sich mit der Digitalisierung zu beschäftigen, um die eigenen digitalen Kompetenzen zu erhöhen, sind subjektiv unterschiedlich hoch. Um dieses Phänomen, das die Autorinnen auch bei zahlreichen Seminaren und Workshops in der Praxis erleben, in der Studie operationalisieren zu können, wurde das Konzept der „Digitalen Selbstwirksamkeit" definiert.

„Digitale Selbstwirksamkeit definiert sich als das Vertrauen in sich selbst, bestimmte digitale Anforderungen aufgrund eigener – mitunter nicht digitaler – Kompetenz bewältigen zu können."

Zur Ermittlung der digitalen Selbstwirksamkeit wird die Selbstwirksamkeitsskala von Schwarzer und Jerusalem herangezogen und hinsichtlich der digitalen Anforderungen adaptiert. [115] Daraus ergeben sich vier wesentliche Items, welche zur Ermittlung der digitalen Selbstwirksamkeit dienen (siehe Abbildung 21).

115 Schwarzer/Jerusalem (1999)

Selbstwirksamkeit	Trifft nicht zu	Trifft kaum zu	Trifft eher zu	Trifft zu
Es fällt mir leicht, meine Probleme zu formulieren, wenn ich mit der Administration spreche.	1,9 %	8,2 %	48,7 %	41,2 %
Ich fühle mich den digitalen Anforderungen in meiner Arbeit gewachsen.	0,4 %	3,7 %	46,8 %	49,1 %
Ich weiß, welche Informationen, die ich online finde, seriös sind.	0,0 %	5,2 %	55,1 %	39,7 %
Ich kann mit der digitalen Entwicklung Schritt halten.	2,2 %	14,6 %	56,2 %	27,0 %

Abbildung 21: Digitale Selbstwirksamkeit

Die Mehrheit der Sozialarbeitenden (89,9 %) gibt an, dass es ihnen leicht falle, ihre digitalen Probleme zu formulieren. 95,9 % der Befragten fühlen sich den digitalen Anforderungen in ihrer Arbeit eher bis ganz gewachsen. Auch das Überprüfen der Seriosität von Online-Informationen trauen sich 94,8 % der Befragten zu. 83,2 % geben an, mit der digitalen Entwicklung Schritt halten zu können.

Der Mittelwert der digitalen Selbstwirksamkeit liegt bei 3,3. Dies bedeutet, dass die Teilnehmer*innen der Studie angaben, eine relativ hohe digitale Selbstwirksamkeit zu besitzen. Sie werden digitale Anforderungen aufgrund ihrer eigenen Kompetenz mit großer Wahrscheinlichkeit bewältigen können. Denn das Geheimnis digital kompetenter Mitarbeiter*innen liegt in ihrer digitalen Selbstwirksamkeit, folglich in dem Vertrauen in sich selbst, bestimmte digitale Anforderungen aufgrund eigener – mitunter nicht digitaler – Kompetenzen bewältigen zu können. Auch Zimmermann und Kunze sehen die digitale Selbstwirksamkeit als entscheidenden Faktor an, um explizites und implizites digitales Wissen erfolgreich in Handlungen umzusetzen. Somit können die Mitarbeiter*innen nicht nur die digitalen Herausforderungen meistern, sondern auch die digitalen Möglichkeiten erkennen.[116]

Es stellt sich die Frage, inwieweit die nicht-digitale Kompetenzvermittlung in Aus- und Weiterbildung, also die Übertragung erworbener Kompetenzen, unbeabsichtigt auf die Entwicklung digitaler Kompetenzen vorbereitet. Diese Frage konnte im Rahmen unserer Forschung noch nicht ausreichend beantwortet werden. Jedoch bietet die Theorie von Armin Nassehi eine Grundlage für unsere Überlegung. Der Soziologe geht davon aus, dass die Gemeinsamkeit des Digitalen in der Fähigkeit liegt, Daten mit anderen Daten zu verbinden. Demnach war die Gesellschaft schon weit vor der Entwicklung digitaler Technologien digital. Darüber hinaus laufen Gesellschaften nach bestimmten Regelmäßigkeiten, also Mustern ab. Diese sind unabdingbar, damit eine Gesellschaft funktionieren kann. Je komplexer die Gesellschaft wird, desto komplexer und unsichtbarer sind deren Muster.[117] Folglich strebt der Mensch danach die Welt zu verstehen, einzuteilen und zu systematisieren. Diese Fähigkeit Dinge mit anderen Dingen zu verbinden, hilft den Menschen dabei auch digital kompetent zu sein. Zudem unterstützen digitale Prozesse den Menschen dabei die Muster in der Gesellschaft zu erkennen und in andere Bereiche zu übertragen. Bezogen auf die Soziale Arbeit kann dies unter anderem die Fähigkeit von Sozialarbeiter*innen sein, eine funktionierende Hilfsmaßnahme in einen bestimmten Kontext der Sozialen Arbeit auf einen anderen Kontext zu übertragen.

3.2.6 Anforderungen der Arbeitswelt

Die Frage nach den Anforderungen der Arbeitswelt an die digitalen Kompetenzen von Sozialarbeiter*innen wurde nach dem Schema der Frage zur Selbsteinschätzung der eigenen digitalen Kompetenzen gestellt (siehe Kapitel 3.2.2).

In dieser sehr umfangreichen Frage wurde erhoben, welche digitalen Kompetenzen Sozialarbeiter*innen im Rahmen ihrer Arbeit benötigen.

---

116 Zimmermann/Kunze (2019), S. 486

117 Nassehi (2019), S. 8 ff.

Die genannten Kompetenzen wurden bei der Fragebogenentwicklung analog zum DigComp 2.1[118],[119] definiert.

Bei der Auswertung konnte festgestellt werden, dass diese in vier Bereichen Zusammenhänge aufweisen. So lassen sich die benötigten digitalen Kompetenzen in digitale Grundbildung, fortgeschrittene Anwenderkenntnisse, Selbstständigkeit und kritische Nutzung einteilen (vgl. Abbildung 22).

Digitale Grundbildung	1: In Suchmaschinen online recherchieren. 2: Inhalte oder Dateien abspeichern und wieder abrufen. 3: Mit verschiedenen Mitteln (Smartphone, E-Mail, Chat, Messengerdienste) kommunizieren. 4: Eine Person ausfindig machen, die mir bei der Lösung von technischen Fragen und Problemen hilft
Fortgeschrittene Anwenderkenntnisse	1: digitale Inhalte mittels digitaler Tools produzieren (z. B. Texte, Tabellen, Bilder, Videos). 2: Serienbriefe schreiben, Texte mit Formatvorlagen formatieren und Webseiten aktualisieren. 3: einfache Funktionen und Einstellungen von Software, die ich benutze, verändern (z. B. Browsereinstellungen). 4: Maßnahmen ergreifen, um mein Gerät zu schützen (z. B. durch Anti-Viren-Programme, Passwörter).
Selbstständigkeit	1: selbstständig Unterstützung und Hilfestellung finden, wenn ein technisches Problem auftritt oder wenn ich ein neues Gerät/Programm benutze 2: alltägliche digitale Probleme lösen. 3: meine digitalen Fähigkeiten auf dem Laufenden halten.

[118] EU (2018)

[119] Zum Zeitpunkt der Fragenbogenerstellung war gültige Version des DigComp die Fassung 2.1. Seither wurde in Österreich die Version 2.2 AT veröffentlicht. Siehe dazu auch Kapitel 3.2.1.

Kritische Nutzung	1: Informationen aus dem Internet auf Zuverlässigkeit überprüfen. 2: wissen, was eine Netiquette ist. 3: über die Gefahren des Internet Bescheid wissen (z. B. dass meine Anmeldedaten ausgelesen und gestohlen werden können, welche Betrugsformen es gibt) 4: wissen, dass eine zu intensive Nutzung digitaler Technologien der Gesundheit schaden kann.

Abbildung 22: Digitale Kompetenzen in der Sozialen Arbeit

Digitale Grundbildung

Die erste Kategorie „Digitale Grundbildung" fasst vier digitale Kompetenzen zusammen, welche als Grundlagen zur Ausübung der sozialarbeiterischen Arbeit gelten. Die Befragung zeigt auch, dass insgesamt 98,8 % der Sozialarbeiter*innen diese Kompetenzen als (sehr) wichtig für die tägliche Praxis empfinden.

Unter diese digitalen Kompetenzen fallen das Recherchieren über Suchmaschinen, sowohl das Abspeichern wie auch Abrufen von Daten oder Inhalten und die Kommunikation mit verschiedenen Mitteln (Smartphone, E-Mail, Chat, Messengerdienste). Zur digitalen Grundbildung zählt auch die Fähigkeit, eine Person zu finden, welche einem bei der Lösung von technischen Fragen oder Problemen helfen kann.

Zur privaten Mediennutzung als Feld des Kompetenzerwerbs siehe auch Kapitel 3.2.7. Digitale Grundbildung findet jedoch nicht nur privat statt, sie kann auch schulisch verortet sein oder in vorherigen Berufsfeldern bzw. bei vorherigen Arbeitgebern durch Schulung erworben worden sein. Die Idee, dass Grundbildung rein im privaten geschieht, etwa im Elternhaus, würde den Digital Gap verstärken. Denn ein nicht-digitales Umfeld bzw. Zugangsbeschränkungen würden den Erwerb grundlegender digitaler Kompetenzen erschweren.

Fortgeschrittene Anwenderkenntnisse

Die zweite Kategorie beinhaltet alle digitalen Kompetenzen, welche zu den „fortgeschrittenen Anwenderkenntnissen" gezählt werden können. Die hier geforderten digitalen Kompetenzen gelten nicht mehr als Grundlagenwissen (Grundbildung); vielmehr müssen sich diese – teilweise über den täglichen Praxisbezug oder über die implizite Wissensaneignung durch einfaches Nutzen und Erfahren hinaus – explizit angeeignet werden, beispielsweise durch Schulungen oder eigenes Nachlesen. Welche Kompetenzen dies sind bzw. welche Fähigkeiten man meint, erwerben zu müssen, entscheidet sich wohl nach dem jeweiligen Berufsfeld und der Art der Tätigkeitsausübung. Auch die Ergebnisse der Studie verdeutlichen, dass die Sozialarbeiter*innen diese vier Fähigkeiten als nicht einheitlich wichtig für die Arbeit sehen. Zwei Drittel der Teilnehmer*innen (59,7 %) sind der Meinung, dass die fortschritten Anwenderkenntnisse (sehr) wichtig für die tagtägliche Arbeit sind. Im Vergleich zur digitalen Grundbildung empfinden die Sozialarbeiter*innen die Kompetenzen der fortgeschrittenen Anwenderkenntnisse durchschnittlich etwas weniger relevant für die tagtägliche Arbeit. Dies lässt sich an den Mittelwerten der beiden Kategorien erkennen.

Zu den fortgeschrittenen Anwenderkenntnissen zählen das Produzieren digitaler Inhalte (z. B. Texte, Tabellen, Bilder, Videos) mittels digitaler Tools, das Schreiben von Serienbriefen, das Formatieren von Texten mithilfe von Formatvorlagen und das Aktualisieren von Webseiten. Auch das Verändern einfacher Funktionen und Einstellungen von Software wie etwa die Browsereinstellungen und das Ergreifen von Maßnahmen zum Schutz seines Gerätes (z. B. durch Anti-Viren-Programme, Passwörter) gehören zu den fortgeschrittenen Anwenderkenntnissen.

Selbstständigkeit

Die dritte Kategorie „Selbstständigkeit" fasst jene drei Fähigkeiten zusammen, welche einer Person dabei helfen, digitale Anforderungen eigenständig und eigeninitiativ zu bewerkstelligen. Daher ist die Person fähig, selbstständig Unterstützung und Hilfe zu finden, wenn ein technisches Problem auftritt oder sie ein neues Gerät, ein neues Programm benutzt. Zudem kann die Person alltägliche digitale Probleme selbst lösen und hält währenddessen seine oder ihre digitalen Fähigkeiten am Laufenden.

Kritische Nutzung

Die vierte Kategorie „Kritische Nutzung" beinhaltet insgesamt vier Kompetenzen. Darunter zählen die Fähigkeit, Informationen aus dem Internet auf ihre Zuverlässigkeit überprüfen zu können und das Wissen über die Begriffsdefinition „Netiquette". Zudem weiß die Person über die Gefahren des Internets Bescheid und hat beispielsweise daher ein Wissen über Betrugsformen im Internet oder das Auslesen und Stehlen von Anmeldedaten. Auch das Wissen darüber, dass eine zu intensive Nutzung digitaler Technologien die Gesundheit schädigen kann, ist ein wesentlicher Bestandteil der Kritischen Nutzung.

In der nachfolgenden Abbildung 23 werden die einzelnen Häufigkeiten zu den vier beschriebenen Kategorien dargestellt (in Prozent).

Kategorie	unwichtig	weniger wichtig	wichtig	sehr wichtig	Mittelwert
Digitale Grundbildung	0	1,2	34,3	64,5	3,6
Fortgeschrittene Anwender-kenntnisse	5,7	34,6	46,5	13,2	2,7
Selbstständigkeit	2,0	27,6	53,2	17,2	2,9
Kritische Nutzung	0	12,2	48,7	39,1	3,3

Abbildung 23: Gewichtung benötigter digitaler Kompetenzen in der Sozialen Arbeit

Auffallend ist, dass nahezu niemand der Befragten angibt, digitale Kompetenzen seien unwichtig für die Anforderungen in der Arbeit. Die Mittelwerte deuten ebenfalls darauf hin, dass Sozialarbeiter*innen digitale Kompetenzen in der Arbeit als wichtig einstufen. Die digitale Grundbildung wird sogar von der Mehrheit der Sozialarbeiter*innen (64,5 %) als sehr wichtig empfunden. Sowohl die fortgeschrittenen Anwenderkenntnisse (46,5 %) als auch die Selbstständigkeit (53,2 %) betrachtet ungefähr die Hälfte der Befragten als wichtig. Die Sozialarbeiter*innen sind der Meinung, dass die Kompetenzen der „Kritischen Nutzung" wichtig (48,7 %) beziehungsweise sehr wichtig (39,1 %) für die tägliche Sozialarbeit sind.

3.2.7 Private Mediennutzung

Die private Benutzung digitaler Medien ist mittlerweile nicht nur bei Klient*innen, sondern auch bei Sozialarbeiter*innen ein fester Bestandteil des Alltages.[120] Es ist davon auszugehen, dass durch die Nutzung digitaler Medien im Privaten ein implizites Lernen durch Alltagshandeln stattfindet und sich diese Kompetenz auf den Berufsalltag überträgt.

Bei der Frage nach der Selbsteinschätzung digitaler Kompetenzen im Feld Kommunikation gab fast die Hälfte der Befragten an, mit verschiedenen Mitteln (Smartphone, E-Mail, Chat, Messengerdienste) auf Kompetenzstufe vier (von fünf) zu kommunizieren (siehe Kapitel 3.2.2). Es stellt sich die Frage, ob die private Mediennutzung die berufliche Mediennutzung unterstützt. Wenn Sozialarbeiter*innen privat digitale Medien nutzen, nutzen sie diese auch beruflich? Die Ergebnisse sind in Abbildung 24 zu sehen.

Medium	nie	selten	manchmal	regelmäßig	Mittelwert
Soziale Medien wie z. B. Facebook, Twitter, Instagram, Snapchat nutzen, um selbst Inhalte online zu stellen (eher aktive Nutzung).	30,3	28,5	21,3	19,9	2,3
Soziale Medien wie z. B. Facebook, Twitter, Instagram, Snapchat nutzen, um anderen zu folgen (eher passive Nutzung).	23,6	11,6	20,2	44,6	2,9
Das Internet zur Recherche nutzen.	0	1,1	4,5	94,4	3,9

[120] Kutscher (2019a), S. 42

Medium	nie	selten	manchmal	regelmäßig	Mittel-wert
die Dienste des Internets nutzen (z. B. betreibe meine eigene Homepage, mein eigenes Forum, meinen eigenen FTP-Server).[121]	64,4	15,4	9,7	10,5	1,7
Messengerdienste wie WhatsApp, Signal, Skype o. ä. nutzen	7,1	3,7	12,7	76,4	3,6

Abbildung 24: Private Mediennutzung

In der Nutzung sozialer Medien kann zwischen einer aktiven und der passiven Nutzung unterschieden werden. Bei der aktiven Nutzung stellt die Person SELBST Inhalte online und ist damit aktiv Teil der Crowd. Bei der passiven Nutzung werden soziale Medien dazu verwendet, anderen Personen zu folgen und deren Inhalte zu lesen, selbst werden jedoch keine Inhalte gepostet. Personen können gleichzeitig sowohl aktiv als auch passiv soziale Medien privat nutzen. Diese Art der Nutzung kann sowohl von Medium zu Medium als auch episodisch variieren. Beispielsweise könnte eine Person Twitter sehr aktiv, Facebook aber eher passiv nutzen. Wenn sie sich im Urlaub befindet, postet sie aber viele Fotos als Art der Reisedokumentation und Teilhabe der Daheimgebliebenen, was eine aktive Nutzung von Facebook bedeutet. Durchschnittlich verwenden die befragten Sozialarbeiter*innen die sozialen Medien selten bis manchmal zum Onlinestellen von Inhalten. Etwa ein Fünftel der Sozialarbeiter*innen (19,9 %) nutzen regelmäßig soziale Medien wie etwa Facebook, Twitter, Instagram und Co. dafür, um Inhalte

[121] Ein Internetdienst ist im technischen Kontext als Anwendung des Internets, zu verstehen. Das sind Möglichkeiten, die das Internet bietet, wie z. B. Webseiten zu betreiben oder einen Server, über welchen man Dateien austauschen kann. Im Zusammenhang mit digitaler Kompetenz ist dies insofern relevant, als dass die Nutzung dieser Dienste ein gewisses Kompetenzniveau voraussetzt.

selbst online zu stellen. Ein weiteres Fünftel (21,3 %) tut dies manchmal. Beinahe die Hälfte der Befragten (44,6 %) gibt an, soziale Medien regelmäßig zu nutzen, um anderen Personen zu folgen. Etwa ein Fünftel verwendet soziale Medien manchmal dafür. Der Großteil der Sozialarbeiter*innen (94,4 %) nutzt das Internet zur Recherche. Die Dienste des Internets zu verwenden, um beispielsweise eine eigene Homepage, ein eigenes Forum oder einen eigenen FTP-Server zu betreiben, haben zwei Drittel der Befragten (64,4 %) noch nie gemacht. Messengerdienste wie WhatsApp, Signal oder ähnliches werden von 76,4 % der Sozialarbeiter*innen privat regelmäßig genutzt.

In diesem Zusammenhang interessant ist auch die Betrachtung der digitalen Lebenswelten (siehe Kapitel 4.1).

*3.2.8 Vermittlung digitaler Kompetenzen an Klient*innen*

Mit dem Einsatz von digitalen Technologien in der sozialen Dienstleistungsarbeit gewinnt die Vermittlung dieser Technologien an Bedeutung.[122] Mit der Vermittlung digitaler Kompetenzen hat soziale Dienstleistungsarbeit den Auftrag, der digitalen Exklusion und der damit einhergehenden sozialen Ungleichheit zu begegnen.[123] Besonders die Vermittlung von digitalen Kompetenzen an die Klient*innen stellt eine wichtige Aufgabe der Sozialen Arbeit dar. Indem Sozialarbeiter*innen ihren Klient*innen diese Fähigkeiten vermitteln, fördern sie zugleich auch die digitale bzw. gesellschaftliche Teilhabe der Klient*innen.[124]

Die Ergebnisse der Studie zeigen, dass 51,3 % der befragten Sozialarbeiter*innen digitale Kompetenzen an ihre Klient*innen weitergeben. 47,7 % geben an, dies nicht zu tun. In diesem Zusammenhang sollte nicht nur die Ebene der Sozialarbeiter*innen als Arbeitnehmer*innen betrachtet werden, sondern auch die Ebene der Organisation. Durch einen klaren Auftrag der Kompetenzvermittlung kann die Organisation hier wesentlich die Vermittlung digitaler Kompetenzen an Klient*innen mitgestalten. Von den 267 befragten Sozialarbeiter*innen geben lediglich 14,6 % an, einen klaren und expliziten Auftrag zur Kompetenzvermittlung zu haben.

---

122 Hielscher et al. (2016) zitiert nach Evans (2018), S. 69

123 Evan (2018), S. 71

124 Kreidenweis (2018b), S. 8

Der Großteil der Befragten (78,3 %) gibt an, dass kein explizieter Auftrag von Seiten der Organisation existiert, und 7,1 % wissen es nicht genau.

In diesem Zusammenhang stellt sich die Frage, ob es eine Verbindung zwischen dem Auftrag zur Kompetenzvermittlung und der realen Vermittlung von digitalen Kompetenzen an Klient*innen gibt. So fordert der österreichische Arbeitsmarktservice (AMS) die Verwendung eines digitalen Kunden*innenkontos (kurz eAMS) von Kund*innen. Partnereinrichtungen, d. h. Soziale Unternehmen mit einem Auftrag durch das AMS sollen Kund*innen bei der Verwendung anleiten. Die dafür notwendigen Kompetenzen von Berater*innen, z. B. das Einrichten einer E-Mailadresse gemeinsam mit Kund*innen, wird vorausgesetzt.

Die folgende Abbildung stellt den Zusammenhang der Fragestellungen nach der aktiven Vermittlung digitaler Kompetenzen und dem Auftrag dazu dar.

		Vermitteln Sie digitale Kompetenzen an Ihre Klient*innen?		
		Ja	Nein	**Gesamt**
Ist die Vermittlung digitaler Kompetenzen Teil Ihres Auftrags? (vom Auftraggebenden explizit verlangt)	Ja	92,3 %	7,7 %	**100,0 %**
	Nein	42,1 %	57,9 %	**100,0 %**
	Weiß nicht	68,4 %	31,6 %	**100,0 %**
	Gesamt (n=267)	**51,3 %**	**48,7 %**	**100,0 %**

Abbildung 25: Kompetenzvermittlung digitaler Kompetenzen als Teil des Auftrages

Es zeigt sich ein statistischer Zusammenhang zwischen den beiden Fragestellungen. Wie schon erwähnt, haben 14,6 % angegeben, dass die Vermittlung digitaler Kompetenzen Teil ihres Auftrags sei. Von dieser Grundgesamtheit, welche den Auftrag zur Kompetenzvermittlung haben, vermitteln auch 92,3 % digitale Kompetenzen an ihre Klient*innen. 7,7 % tun dies nicht. 78,3 % der befragten Sozialarbeiter*innen haben keinen expliziten Auftrag zur Kompetenzvermittlung, von dieser Grundgesamtheit lernen 42,1 % ihren Klient*innen digitale Kompetenzen, mehr als die Hälfte (57,9 %) machen das nicht. Insgesamt haben 7,1 % angegeben, nicht zu wissen, ob es einen expliziten Auftrag zur Vermittlung gibt. Von den Personen, welche nicht wissen, ob die Vermittlung digitaler Kompetenzen Teil ihres Auftrags ist, vermitteln 68,4 % dennoch diese Kompetenzen an ihre Klient*innen, etwa ein Drittel (31,6 %) tut dies nicht. Daraus lässt sich schließen, dass die Organisation wesentlich dazu beitragen kann, ob digitale Kompetenzen an die Klient*innen vermittelt werden.

Obwohl etwas weniger als vier Fünftel der Befragten keinen klaren Auftrag zur Vermittlung digitaler Kompetenzen von den Auftraggebenden erhalten haben, vermitteln dies etwas mehr als zwei Fünftel der Befragten trotzdem.

Beispiel für die Vermittlung digitaler Kompetenzen an Klient*innen im Rahmen eines Auftrages ist die ZAM Steiermark GmbH, ein Soziales Unternehmen in Österreich mit dem Fokus auf Ausbildungsmanagement. Die ZAM Steiermark GmbH hat in einem partizipativen Prozess unter der Leitung der Abteilung für Lehr- und Lerntechnologie der TU Graz einen Lernzielkatalog für Klient*innen nach dem DigComp-Raster erarbeitet. Dieser Lernzielkatalog dient den Trainer*innen als Orientierungshilfe bei der Planung von Lernangeboten. Die Lernziele sind dabei in kleine Schritte unterteilt, die in Trainingseinheiten erlernt werden können. Beispielsweise lautet das Lernziel für die Kompetenzstufe 1–2 im Bereich Kommunikation und Kollaboration des DigComp-Rasters bezüglich E-Mail: „E-Mail-Adresse anlegen, per E-Mail Bewerbungen verschicken […]“ usw. Je Kompetenzbereich gibt es häufig weitere Lernziele für die Kompetenzstufen 3–4.[125]

3.2.9 Entwicklung digitaler Kompetenzen

Eine Studie, die den Einfluss der Digitalisierung auf die Arbeit in der Sozialwirtschaft untersucht, trifft Kernaussagen zur Qualifizierung von Mitarbeiter*innen. Demnach besteht noch Unsicherheit darüber, was künftige Kompetenzen für digital unterstützte Arbeits-

[125] ZAM (2019)

umgebungen konkret ausmachen. Interaktive Arbeit prägt soziale Dienstleistungen, weshalb nicht alleine Qualifizierung für den Umgang mit Technik wichtig sein wird. Es gehe vielmehr um die Kompetenz, Klient*innen spezifisch mit Wissen und Informationen, die künftig leichter verfügbar und zugänglich sein werden, zu unterstützen und damit stärker eine nachhaltige Problemlösung im Blick zu haben.[126]

Wissen und Können auf dem aktuellen technologischen Stand zu halten wird künftig eine der größten Herausforderungen sein. Gerade deswegen kommt der Aus- und Weiterbildung eine ganz besondere Bedeutung zu.[127]

In der Auseinandersetzung mit der Gestaltung digitaler Arbeitsumgebungen wird von einschlägigen Autoren immer wieder darauf verwiesen, dass Lernen ein wichtiger Teil von digitaler Arbeitsplatzqualifizierung sei. Lernen im Prozess der Arbeit ergänzt die Möglichkeiten lebenslangen Lernens jenseits klassischer Weiterbildung in Bildungseinrichtungen.[128]

Wenn die befragten Sozialarbeiter*innen ein digitales Problem an ihrem Arbeitsplatz haben, versuchen 80,5 % oft oder immer selbst eine Lösung zu finden. Die digitalen Probleme können beispielsweise den PC, den Drucker oder auch das Smartphone betreffen. Auf die Frage, ob die Fachkräfte der Sozialen Arbeit bei einem digitalen Problem die Administration kontaktieren, geben 58,8 % an, dass sie dies eher oder immer tun. Fast die Hälfte versucht sich also selbst zu helfen bzw. lässt die Administration außen vor.

In gängigen Beratungs- und Supervisionsausbildungen spielt Onlineberatung und Onlinekommunikation kaum eine Rolle. Daher müssen diese Kompetenzen in der Situation erlernt werden.[129] Der Lockdown zur Bekämpfung der COVID-19 Epidemie als Krisensituation zeigte, dass dies in vielen Organisationen mit viel Engagement und Eigeninitiative gelungen ist.

Werden Anwendungen für die Soziale Arbeit entwickelt, so bilden die zu Grunde liegenden Algorithmen wiederholbare Aktionen im Fachverfahren ab und zielen auf exakte Handlungsanleitungen.

---

[126] Becka et al. (2017), S. 36

[127] Dengler/Matthes (2015), S. 22

[128] Hartmann (2015), S. 14

[129] Reindl (2018), S. 105

Diese Anwendungen, die mehr als reine administrative Aufgaben erfüllen sollen, haben damit auch einen Einfluss auf Inhalte und Methoden der Sozialen Arbeit. Das Fallverstehen der Sozialarbeiter*innen folgt aber nicht zur Gänze der perfekten wissenschaftlichen Regelbefolgung, sondern bezieht fundiertes, instrumentelles Problembearbeitungswissen fallbezogen mit ein. Sozialarbeiter*innen entwickeln daher nach Ansicht von Stüwe und Ermel Strategien, um Systemvorgaben zu umgehen oder zu ignorieren, wenn diese nicht mit ihrer Arbeitsrealität kompatibel sind.[130] Es liegt daher der Schluss nahe, dass in der Entwicklung digitaler Kompetenzen auch die Fähigkeit zur Kommunikation über die eigene digitale Arbeitsrealität berücksichtigt werden muss, um Anpassungen bzw. Verbesserungen bei den digitalen Arbeitsmitteln zu erreichen. Es muss gelernt werden, mit „gleicher Sprache" mit den „Technikern" zu sprechen, um zielgenau Weiterentwicklungen einbauen zu können.

Durch den kontinuierlichen Einzug der Digitalisierung im Alltag und den damit einhergehenden Auswirkungen auf die Soziale Arbeit entwickelt sich also eine, nicht mehr so neue Situation: „Zusammenarbeit" mit einem/einer digitalen Arbeitskolleg*in in Form von Software.[131] Diese Software kann von einfachen Dokumentationszwecken bis hin zu einer künstlichen Intelligenz bei der Falleinstufung reichen. Die in der Sozialen Arbeit eingesetzte Software kann als mithandelnde Akteurin verstanden werden. Weber nennt dies in seinem Artikel „Mittäterschaft".[132] Sowohl die Software, als auch die Sozialarbeiter*in tragen zum Ergebnis bei. Daraus folgt für die Entwicklung von digitalen Kompetenzen, dass Sozialarbeiter*innen zum einen ein grundlegendes Verständnis über die Leistungsfähigkeit von Software im Kontext Sozialer Arbeit benötigen (Annahmen in der Programmierung, Potenziale/Grenzen, usw.), zum anderen eine technikbezogene Reflexionsfähigkeit in der eigenen Rolle im Vergleich zur Software bzw. zu den organisationalen Voraussetzungen für den Einsatz. Die Fähigkeit zur Kommunikation mit dem technischen Dienstleister wurde in diesem Zusammenhang bereits angesprochen. Die praxisbezogene, nicht-ethische Frage lautet: Wo endet das Können der Software und wo beginnt die Verantwortung

130 Stüwe/Ermel (2019a), S. 92 ff.
131 Pölzl/Wächter (2019), S. 72
132 Weber (2019), S. 71

der beteiligten Sozialarbeiter*innen – wohl wissend, dass es einen Bereich der Gemeinsamkeit gibt.

Für die Entwicklung von digitaler Kompetenz braucht es Ressourcen und betriebliche Experimentierräume. Die Strategien zur Aneignung digitaler Kompetenzen sollten berufs- und funktionsgruppenübergreifend angelegt sein.[133] Zur Aneignung digitaler Kompetenzen siehe auch Kapitel 3.2.3.

Solange es technologische Entwicklungen mit sozialen und kulturellen Auswirkungen gibt, wird die Entwicklung digitaler Kompetenzen nie abgeschlossen sein. Das Spannungsfeld zwischen Software (softwareunterstützter Sozialer Arbeit) und individueller Entscheidungsfindung in der Sozialen Arbeit muss daher immer wieder neu beleuchtet werden, der Einzelne und die Organisation muss sich durch stetiges Lernen fit für das Fortschreiten des Digitalen machen.

3.2.10 Weiterbildungen zum Themenfeld „Digitale Kompetenz"

Vieles im technologischen Wandel ist relativ betrachtet sehr jung. Das Smartphone ist etwas mehr als zehn Jahre im Umlauf, Social Media kaum länger verbreitet. Der Umgang sowie die Konsequenzen aus der Nutzung für Gesellschaft, Klient*innen, Mitarbeiter*innen und nicht zuletzt für die Soziale Arbeit finden erst in jüngster Zeit Eingang in Aus- und Weiterbildung.

Dem Monitor für Digitalisierung am Arbeitsplatz zufolge sehen fast 78 % der Beschäftigten in deutschen Betrieben mit mehr als 50 Beschäftigten des privaten Sektors die Notwendigkeit, die eigenen Fähigkeiten ständig weiterzuentwickeln.[134] Jene, die die Notwendigkeit zur Weiterentwicklung sehen, haben eine um 13 % höhere Wahrscheinlichkeit, an Weiterbildung teilzunehmen, als andere Beschäftigte. Die Wahrscheinlichkeit steigt mit dem Ausbildungslevel.[135]

Auch die Sozialarbeiter*innen der Studie geben an, sich gezielte Weiterbildung zum Thema „Digitale Kompetenz" zu wünschen. Diese Aussage trifft auf 37,8 % eher und auf 16,1 % voll zu. Digitale Kompetenzen werden immer wichtiger im Sozialbereich, diese Meinung vertreten auch rund 90,7 % der Fachkräfte der Sozialen Arbeit.

133 Evans (2018), S. 72
134 Bundesministerium für Arbeit und Soziales (2016), S. 5
135 Bundesministerium für Arbeit und Soziales (2016), S. 14

Daher stellt sich die Frage, inwieweit die Digitalisierung schon Einzug in das Weiterbildungsangebot für Sozialarbeiter*innen genommen hat. 30,3 % der Befragten geben an, dass Weiterbildungen zur digitalen Kompetenz in der Organisation angeboten werden. 69,7 % sagen, dass das nicht der Fall sei. Einige Teilnehmer*innen machten spezifischere Angaben zu den Themen der angebotenen Weiterbildungen (siehe dazu Abbildung 26).

Themenfelder der Weiterbildung	Prozent
DSGVO	30,0
Einschulung bzw. Unterweisung durch IT-Verantwortliche (z. B. bei Neuerungen, zu Beginn der Tätigkeit nach Neueinstellung)	13,8
Anwender*innenkurse (z. B. Microsoft Office)	13,8
Internetkompetenz, Social Media Kompetenz	12,5
Digitale Themen (z. B. Umgang mit Hassposter*innen, Sucht, Cybermobbing)	8,8
Laut auftraggeberspezifischen Anforderungen	3,8

Abbildung 26: Weiterbildungen zum Thema digitale Kompetenz

Die Datenschutzgrundverordnung (DSGVO), welche am 25. Mai 2018 in Kraft trat, war laut eines Drittels der Befragten Teil des Weiterbildungsangebotes. Die neue DSGVO rückt die Auftraggeber*innen und Dienstleister*innen mehr in die Verantwortung und beinhaltet umfassende neue Regelungen zu den Pflichten in der Datenverarbeitung von natürlichen Personen.[136] Diese Neuregelungen brachten auch Veränderungen in die tägliche Arbeit der Sozialarbeiter*innen, daher ist anzunehmen, dass die Weiterbildungsangebote zur DSGVO besonders im Jahr 2018, aber auch danach, stark gefragt waren.

An zweiter Stelle stehen mit 13,8 % die Einschulung bzw. Unterweisung durch IT-Verantwortliche als auch Anwender*innenkurse für spezifische Programme. Dies deckt sich mit der Annahme, dass Mitarbeiter*innen heutzutage im Sozialbereich vorrangig das digitale

[136] WKO (2019)

Wissen benötigen, um Fachanwendungen zu benutzen, sowie zur internen und externen Kommunikation und Information.[137] Unter Fachanwendungen fallen beispielsweise spezielle Dokumentationsprogramme oder Einschätzungstools zur Gefährdung oder Rückfallwahrscheinlichkeit einer Person. Auch die Kommunikation läuft oftmals noch über E-Mail oder das Intranet.[138] Da dieses digitale Wissen unumgänglich für die tägliche Arbeit ist, ist einleuchtend, dass diese Weiterbildungsangebote mit großer Wahrscheinlichkeit beim Einstieg in die Organisation oder bei Erneuerungen von Systemen und Anwendungen zum Tragen kommen.

12,5 % der Sozialarbeiter*innen gaben an, dass Weiterbildungen zu Internet und Social-Media-Kompetenz in der Organisation angeboten werden. Lediglich 3,8 % erhalten Schulungen, die von Auftraggebern gefordert werden. Beispiel hierfür ist die Landesgeschäftsstelle des Arbeitsmarktservice Oberösterreich, welche für Trainer*innen und Berater*innen, die mit Arbeit suchenden Personen arbeiten, eine Weiterbildung zur digitalen Kompetenz im Ausmaß von 16 Einheiten als Qualifikationsnachweis fordert. Ein Ausgangspunkt war die Überlegung, mit dieser Maßnahme digitale Lernelemente in Qualifizierungsmaßnahmen zu erhöhen, um Dropout-Raten der Klient*innen zu senken.

Mit der Digitalisierung rücken neue Möglichkeiten des professionellen Handelns von Fachkräften Sozialer Arbeit in den Mittelpunkt. Reindl fordert daher, dass die Fachkräfte für eine „digitalisierte" Soziale Arbeit zielgerichtet ausgebildet werden müssen.[139]

---

[137] Degenhardt (2018), S. 262

[138] Degenhardt (2018), S. 262

[139] Reindl (2018), S. 106

4. Gesellschaftlicher Wandel

Die Digitalisierung betrifft vor allem den Menschen in seinem täglichen Leben.[140] Alle Lebensbereiche werden umfassend transformiert und rufen eine digitale Welt hervor.[141] Dadurch ändern sich auch die Anliegen, Problemstellungen und Wünsche, mit welchen die Klient*innen zu den Sozialarbeiter*innen kommen. Besonders im Zusammenhang mit der Sozialen Arbeit ergeben sich folgende Fragen:

- Wie verändert die Digitalisierung unser Denken und unsere Welt?
- Welche Lebensbereiche der Klient*innen erfahren eine Veränderung?
- Welche neuen Themen entstehen durch die Digitalisierung für die Beratung, Begleitung und Betreuung von Klient*innen?

Dieses Kapitel befasst sich mit genannten Fragestellungen und versucht, darauf Antworten zu formulieren.

4.1 Digitalisierung als Nutzen für die Gesellschaft

Im wissenschaftlichen Diskurs beschäftigt man sich hauptsächlich mit Fragen nach den Veränderungen durch die Digitalisierung. Auch dieses Buch versucht zu beschreiben, wie sich die Digitalisierung auf die Soziale Arbeit auswirkt und welche Möglichkeiten, aber auch Herausforderungen dadurch für die Profession entstehen können. Somit wird die Digitalisierung als gegeben wahrgenommen, mit der es gilt professionell umzugehen. Nicht nur bei wissenschaftlichen Fachtagungen, sondern auch bei Alltagsgesprächen werden die Vor- und Nachteile der Digitalisierung heiß diskutiert.

Der Soziologe Armin Nassehi sieht genau hier eine Leerstelle im wissenschaftlichen Diskurs und fragt sich, warum die Digitalisierung überhaupt erst entstehen und sich über einen längeren Zeitraum in der Gesellschaft bewähren konnte. Würde die Digitalisierung nicht zur Gesellschaft passen, wäre sie entweder nicht entstanden oder schon wieder verschwunden. Daraus ergibt sich für Nassehi die Frage: Für welches Problem ist die Digitalisierung die Lösung?[142]

---

[140] Gläß/Leukert (2017), S. VII

[141] Stüwe/Ermel (2019), S. 5

[142] Nassehi (2019), S. 8

Er stellt die These auf, dass die Gesellschaft schon weit vor der Entwicklung digitaler Techniken digital war. Wenn man all das Digitale in unserer Welt betrachtet und die Gemeinsamkeit sucht, erkennt man, dass es die Fähigkeit ist, Daten mit anderen Daten zu verbinden. Demnach wäre die frühe Form des Digitalen mit der Entstehung moderner westlicher Nationalstaaten Ende des 18. Jahrhundert/Anfang des 19. Jahrhundert gewesen. Ein Beispiel dafür stellt die öffentliche Sozialstatistik im 19. Jahrhundert dar, welche damals in der Sozialplanung angewandt worden war.

Die Frage, wie viel Weizen im Umkreis eines Dorfes angebaut werden muss, um die Bevölkerung im Dorf mit Brötchen zu versorgen, ist eine banale Frage. Hier wurde lange auf analoge Erfahrungswerte zurückgegriffen. Sie wird jedoch eine neue Frage, wenn die Sozialplanung die Erfahrungswerte, wie viel Weizen benötigt wird, für größere Räume berechnen muss. Die Sozialstatistik konnte hier Abhilfe schaffen. Als weiteres Beispiel kann die erfolgte Untersuchung des Heiratsverhaltens genannt werden. Dabei wurden bestimmte Merkmale von Personen analysiert. Es zeigte sich, dass das Heiratsverhalten nach gewissen Regelmäßigkeiten abläuft, die bis dahin unsichtbar waren. Erst durch das Kombinieren und in-Beziehung-setzen von gewissen Daten (Alter, Geschlecht, Klasse, ...), wurden diese Regelmäßigkeiten sichtbar.

Eine Gesellschaft zeichnet sich – wie auch jedes andere soziale System – dadurch aus, dass sie nicht alle Elemente mit allen anderen verbinden kann. Daher sind Gesellschaften durch interne Stoppregeln und Grenzen der Verknüpfungsfähigkeit geprägt und laufen nach bestimmten Regelmäßigkeiten ab. Diese Regelmäßigkeiten sind Muster, aus welchen die Gesellschaft besteht. Diese Muster können erst durch Datensätze sichtbar gemacht werden. Je komplexer eine Gesellschaft ist, desto mehr Daten wirken untereinander und desto unsichtbarer werden diese Regelmäßigkeiten.[143] Daher stellt die Komplexität der heutigen Gesellschaft eines der Probleme dar, für welche die Digitalisierung die Lösung ist[144].

---

[143] Nassehi (2019), S. 31

[144] Youtube: Nassehi (https://www.youtube.com/watch?v=XjVvsvwbPMU)

4.2 Digitale Lebenswelten

Digitale Technologien haben längst den Alltag durchdrungen. Kommuniziert wird digital über Social Media (auch Messengerdienste), gelernt wird online über das Internet, der Einkauf über eine Plattform abgewickelt und nach Hause geliefert oder die Freizeit auf Basis einer App geplant, die uns zu mehr Bewegung rät. Manchmal arbeiten wir auch von zu Hause aus, wenn dies möglich ist.

Digitale Lebenswelten der Klient*innen sind mehr oder minder stark geprägt durch digitale Technik. Diese Lebenswelten bringen auch soziale Probleme in neuen und alten Formen mit sich (Cybermobbing, Onlinesucht, usw.). Der Einzug digitaler Medien verändert somit auch die Fallkonstruktion, Beziehungsgestaltung, Handlungsautonomie in der Sozialen Arbeit usw.[145]

Tiefgreifende Veränderungen sind auch in der politisch-gesellschaftlichen Meinungsbildung erkennbar. Viele Menschen beziehen ihr politisch-gesellschaftliches Wissen aus Sozialen Medien. Die durch Algorithmen entstehenden Filterblasen zeigen ihnen in ihren Sozialen Netzwerken nur die diejenigen Inhalte, für welche die Personen offen sind und zur eigenen Weltanschauung passen. Somit wird die vorhandene Meinung verfestigt und andere Sichtweisen werden verdrängt[146].

Die Soziale Arbeit reagiert auf soziale Ungleichheiten und bearbeitet Probleme in der Lebensführung. Die Digitalisierung bringt neben technologischen auch soziale und kulturelle Entwicklungen mit sich, also auch neue soziale Ungleichheiten und Probleme der Lebensführung.[147]

4.2.1 Digitale Teilhabe

In Deutschland erläutern die Verbände der Freien Wohlfahrtspflege und das Bundesministerium für Familie, Senioren, Frauen und Jugend (BMFSFJ) in ihrer Absichtserklärung, dass die Digitalisierung in allen Lebensbereichen zu tiefgreifenden Veränderungen führt. Chancen der Digitalisierung stehen Risiken sozialer Spaltung gegen-

[145] Kutscher et al. (2014), S. 4
[146] Stüwe/Ermel (2019), S. 41
[147] Seelmeyer (2019), S. 60

über. Digitale Teilhabe wird zur Voraussetzung für gesellschaftliche Teilhabe.[148]

Ebenso sieht dies arbeit plus, das österreichweite Netzwerk von 200 gemeinnützigen Sozialen Unternehmen, die mit Beratung, Qualifizierung und Beschäftigung langzeitarbeitslose Menschen beim beruflichen (Wieder-)Einstieg unterstützen. Das Thesenpapier zur digitalen Inklusion, das sich zur Rolle der Sozialen Unternehmen in der digitalen Transformation äußert, beschreibt in These zwei, dass digitale Inklusion von Menschen zunehmend auch ein Barometer für berufliche, soziale und demokratiepolitische Teilhabe sowie der Zugang zu (sozialen) Dienstleistungen wird. These drei fordert darauffolgend, dass sich die digitale Inklusion an den Bedürfnissen der Nutzer*innen, d. h. Klient*innen und Mitarbeiter*innen orientieren und sie als Expert*innen in die Entwicklung von neuen Angeboten aktiv einbeziehen muss.[149]

Diese Thesen entstanden begleitend zum Projekt „#diginclusion", das von arbeit plus durchgeführt und durch die Österreichische Forschungsförderungsgesellschaft FFG kofinanziert wurde. Dabei wurden 2019 Prototypen (Produkte und Dienstleistungen) entwickelt, die der digitalen Teilhabe jener Menschen nutzt, die in Sozialen Unternehmen qualifiziert, beraten und beschäftigt werden. Ziel war es, durch neue bzw. digital angepasste Angebote die Beschäftigungschancen dieser Frauen und Männer zu stärken sowie ihre Selbstbestimmtheit und ihre soziale Teilhabe zu erhöhen.[150]

Das spannende an diesem Projekt war die gezielte Einbindung von langzeitarbeitslosen Menschen in den Entwicklungsprozess. Nun ist per se die Einbindung von Nutzer*innen nichts Neues (jedenfalls sollte es dies nicht sein), der Prozess selbst wurde mittels Design-Thinking-Methoden begleitet, worin die Nutzer*innen einen Expertenstatus erhielten. Einige Prototypen wurden aufgrund dieser Expertenaussagen auch wieder verworfen. „Fail fast. Fail often" – ein Leitspruch aus dem Design-Thinking, der uns auch dazu anregen soll, nicht die erste Lösung zu akzeptieren, sondern jene, die den Klient*innen aus deren Sicht am meisten nutzt.

Besonders dort, wo Personen unterschiedliche Zugänge zum Internet haben oder nicht die benötigte Hard- und Software besitzen,

148 Verbände der Freien Wohlfahrtspflege (2017), S. 1
149 arbeit plus (2019)
150 arbeit plus (2019a)

entsteht eine digitale Spaltung in der Gesellschaft.[151] Um die digitale Teilhabe der Klient*innen fördern zu können, benötigt es in erster Linie auch digital kompetente Mitarbeitende sowie eine adäquate digitale Ausstattung in der Einrichtung. Durch Mitarbeiter*innen, welche systematisch im Bereich digitaler Kompetenzen aus- und weitergebildet wurden, bekommen die Klient*innen die Möglichkeit, sich selbst in diesem Bereich fortzubilden. Daraus ergibt sich auch die Frage, ob es ein explizites Angebot für die Klient*innen gibt oder die Fähigkeiten je nach Bedarf situationsbezogen und im Einzelfall an die Klient*innen vermittelt werden. Um die digitale Teilhabe zu ermöglichen könnte das Soziale Unternehmen bei Bedarf Ausstattung für einen bestimmten Zweck und eine bestimmte Dauer zur Verfügung stellen. Zur digitalen Ausstattung könnte beispielsweise ein kostenloser WLAN-Zugang oder (mobile) Endgeräte zur Internet-Nutzung für die Klient*innen zählen.[152]

Digitale Strategien sollten daher nicht alleine auf technischen Möglichkeiten fußen. Wirksame digitale Strategien begegnen auch gesellschaftlich relevanten Problemfeldern und Herausforderungen und können somit zu einer Förderung der digitalen Teilhabe beitragen.

4.2.2 Nutzungsverhalten

Im D21 Digital Index 2018/2019, einer repräsentativen Studie der Initiative D21 für über 14-Jährige in Deutschland, wird erläutert, dass insgesamt die „Offliner" weniger werden. Offliner sind Menschen, die weder beruflich noch privat bewusst und direkt mit dem Internet in Berührung kommen. Trotzdem sind 16 % der Deutschen Offliner (ca. 10 Millionen Menschen).[153] Dabei halten mangelndes Interesse und die Komplexität der digitalen Welt die meisten Offliner davon ab, sich ins Internet zu wagen. 1 % davon hat keine Möglichkeit, ins Internet zu kommen bzw. bei 0,4 % ist die Geschwindigkeit des Internets zu gering. 21 % der Offliner sagen, dass Kinder, Freunde bzw. Bekannte im Internet sind und diese Dinge erledigen, wenn Offliner das Internet tatsächlich brauchen würden. Aber nicht nur technische oder dem Persönlichen zugeschriebene

151 Stüwe/Ermel (2019), S. 48
152 Kreidenweis (2018b), S. 8
153 Initiative D21 (2019), S. 12

Argumente werden genannt. Für 4 % sind die Gebühren zu hoch bzw. 7 % können es sich nicht leisten (allgemeine Aussage). Daneben sind Sicherheits- und Datenschutzbedenken sowie eine allgemeine Angst vor dem Internet weitere Gründe, das Internet nicht zu nutzen.[154]

Wenn sie Fachbegriffe und Funktionen besser verstehen würden und/oder wenn es jemanden gäbe, der ihnen zeigen würde, wie es funktioniert, würden sie das Internet künftig nutzen – so die Offliner*innen in der Studie. Zudem müsste ein klarer Nutzen erkennbar sein, dann würde das Internet genutzt werden.[155] Für den Arbeitsalltag von Sozialarbeiter*innen bedeutet dies, dass sie in der Arbeit mit Menschen, die zu den Offliner*innen gehören, Dolmetscher*innen der digitalen Welt sind, dem Wunsch der Offliner*innen folgend, die Internetnutzung (welcher Dienst auch immer) erklären und herzeigen zu können. Es ergeben sich daraus also konkrete Anforderungen an die digitale Kompetenz von Sozialarbeiter*innen.

4.2.3 Altersgerechte Assistenzsysteme (Ambient Assisted Living)

„Ambient Assisted Living" (zu deutsch: Altersgerechte Assistenzsysteme) steht für Konzepte, Produkte und Dienstleistungen, die neue Technologien in den Alltag einführen um die Lebensqualität und Selbstbestimmung für Menschen in allen Lebensphasen, vor allem im Alter, zu erhöhen.[156] Diverse smarte Technologien werden kombiniert, um z. B. im Wohnbereich eine möglichst selbstständige Lebensführung zu unterstützen.[157]

Technische Assistenzsysteme lassen sich anhand ihrer Zielsetzungen zum besseren Verständnis strukturieren. Unterschieden wird zwischen Systemen zur Kompensation von Funktionseinschränkungen, Systemen zur Förderung von Aktivitäten und Teilhabe sowie Systemen zur Unterstützung von Betreuung und Pflege.[158]

Anknüpfungspunkte in die digitalisierte Welt zugunsten von Klient*innen findet die Soziale Arbeit auch mit telemedizinischen

[154] Initiative D21 (2019), S. 18
[155] Initiative D21 (2019), S. 19
[156] http://www.aal-deutschland.de
[157] Halfar (2018), S. 187
[158] Kunze (2018), S. 165

Assistenzsystemen. Menschen mit Demenzerkrankung sollen neue Mobilitätshilfen Perspektiven für ein selbstbestimmteres Leben eröffnen. Die TU Wien arbeitet an einem Projekt, das leicht bis mittelgradig Demenzerkrankten den Erhalt der Mobilität durch Technologie (Kompassfunktion am Smartphone, analoger Aktivitätenplaner, der sich mit einem Kalenderserver synchronisiert, usw.) ermöglichen soll.[159] An dieser Schnittstelle der Betreuung durch Sozialarbeiter*innen wird auch deren Wissen gefragt sein – in der Kombination Umgang mit der Technologie und Umgang mit dem/der Klient*in. Digitale Arbeitskollegen rücken weiter in den Vordergrund.

4.2.4 Kommunikation

Die gesellschaftliche Basiseinheit „Kommunikationszeit" rückt immer mehr in den digitalen Raum. Diese Verschiebung wirkt sich wesentlich auf das gesellschaftliche und wirtschaftliche Miteinander aus.[160] Am häufigsten nutzen Jugendliche das Internet für Kommunikation, wobei der Trend in Richtung Unterhaltung weist. Für diese ist dabei das Smartphone unangefochten das Tor zur digitalen Welt.[161] Die digitalen Medien und besonders die sozialen Medien sind somit ein wesentlicher Prägungsfaktor in der Sozialisation von Kindern und Jugendlichen.[162] Somit kann das Internet nicht nur als eine weitere Kommunikationsquelle gesehen werden, im Gegenteil, es hat das Potenzial die gesellschaftlichen Verhältnisse nachhaltig mitzugestalten und traditionelle Institutionen zu verändern.[163]

Somit ist es für Sozialarbeiter*innen essenziell, die Kommunikationsmittel und -wege ihrer Klient*innen zu kennen und diese auch – zwar kritisch und professionell reflektiert, aber dennoch – zu nutzen. Technisch auf Augenhöhe mit Klient*innen zu bleiben, ist essenziell für die Kommunikation – nicht nur im Sinne des „Wie", sondern auch des „Worüber" gesprochen werden kann.

[159] Pohselt (2019)
[160] Kollmann/Schmidt (2016), S. 3
[161] mpfs (2018), S. 28
[162] Ley/Seelmeyer (2018), S. 24
[163] Stüwe/Ermel (2019), S. 150

4.2.5 Digitale*r Bürger*in

Für Bürger*innen stellt der Staat immer mehr Leistungen in digitaler Form zur Verfügung, Amtswege können immer öfter digital erledigt werden, in Ausnahmefällen müssen sie das sogar (auf das Beispiel von eAMS in Abschnitt 3.1.2 sei hingewiesen).

Die Europäische Kommission erstellt jährlich einen eGovernment Benchmark, welcher die digitalen Verwaltungsservices der Mitgliedstaaten anhand der Indikatoren Nutzerzentriertheit, Transparenz, grenzüberschreitende Mobilität und technologische Schlüsselelemente für Onlineservices darstellt.[164] Diese Untersuchung zeigt auf, dass die Digitalisierung voranschreitet und in Summe der Abstand zwischen den am schlechtesten abschneidenden Staat und dem Staat mit einem hohen Entwicklungslevel digitaler Services kleiner wird.

Zum einen sind diese Anwendungen für Bürger*innen da, Klient*innen können so u. a. Leistungen des Sozialstaates beziehen. Zum anderen sammelt, speichert und analysiert der Staat Daten von Bürger*innen, um entsprechende Leistungen anbieten zu können. In diesem Zusammenhang ist oft von automatisierten Entscheidungen (kurz ADM) oder Personen-Scoring die Rede.

Algorithm Watch, eine gemeinnützige Organisation „mit dem Ziel, Prozesse algorithmischer Entscheidungsfindung zu betrachten und einzuordnen, die eine gesellschaftliche Relevanz haben", hat 2019 den „Atlas der Automatisierung" veröffentlicht. Darin wird erläutert, wie der Alltag in Deutschland von automatisierten Entscheidungen durchsetzt ist. Prozesse der automatisierten Entscheidungen sollen vor allem auch jenen transparent und verständlich sein, die von den Folgen betroffen sind. Denn ADM haben Auswirkungen auf die gesellschaftliche Teilhabe.[165]

Daten algorithmisch auszuwerten um Muster zu erkennen, wird als Methode eingesetzt. So sollen Entwicklungen frühzeitig erkannt werden. Beispielsweise ist der Einsatz von Algorithmen zur Beurteilung einer Kindeswohlgefährdung möglich, oder im Rahmen des predictive policing sind Gegenden zu erkennen, in denen es tendenziell

164 Europäische Kommission (2019)
165 Algorithm Watch (2019)

eher zu Straftaten kommt, um dort vermehrt Polizeipräsenz zu zeigen. Diese Prognosen sollen der besseren Versorgung von Betroffenen dienen (z. B. für die Sicherheit der Bürger*innen).[166]

Jede Form von digitalisierten Formularen, Aktennotizen, Protokollen und Auswertungsbögen bewirkt eine Klassifikation, die zu einer Typisierung führt.[167] Jeder Vorgang, jede Form der Intervention sozialarbeiterischen Handelns erzeugt Daten über Klient*innen. Jede Form der Interaktion zwischen Bürger*innen und Staat hinterlässt Datenspuren, wie auch die digital erfassbaren „Lebensäußerungen" von Menschen[168]. Auch schon vor der Möglichkeit digitaler Amtswege waren Akten voll mit Daten, von daher ist dies kein reines Thema der Digitalisierung. Der Unterschied liegt jedoch im Zugang und der Verarbeitbarkeit der digitalen Daten: Diese sind mit weniger Aufwand weiter analysierbar, es können daraus neue Informationen erzeugt oder bestimmte Handlungen ausgeführt werden. Die digitalen Daten werden in den Systemen so abgespeichert, dass sie leicht wiedergefunden werden können (Logiken von Datenbanken) – sie werden nach Klassifikationen abgespeichert (z. B. nach Kategorien). Jede Form der Klassifikation führt nach Stüwe/Ermel zu einem bestimmten Denkschema bzw. Deutungsmuster.

Die Regeln der Klassifikation der analysierten Daten erarbeitet der Algorithmus. Daher ist der Algorithmus stark von den Trainingsdaten abhängig und die erarbeiteten Regeln nicht ohne weiteres offenlegbar. Im Gegensatz dazu werden in der klassischen Fachanwendung der Sozialen Arbeit eben diese Kriterien explizit definiert.[169] Die Formalisierung, also die Regeln, die Algorithmen zu Grunde liegen, werden häufig als objektiv gültig angenommen. Dabei können die Daten selbst Verzerrungen enthalten. So besteht die Gefahr, dass Vorurteile reproduziert bzw. verstärkt werden.[170]

Künstliche Intelligenz, Big Data und Predictive Analytics können zu mehr Objektivität von Entscheidungen führen und menschliche Willkür sowie Vorurteile vermeiden. Diese Systeme lernen jedoch

[166] Schneider/Seelmeyer (2018), S. 21

[167] Stüwe/Ermel (2019a), S 92

[168] Schneider/Seelmeyer (2018), S. 23

[169] Schneider/Seelmeyer (2018), S. 22 ff.

[170] Schneider/Seelmeyer (2018), S. 21

mit Trainingsdaten, die Vorurteile und Ungerechtigkeiten menschlicher Entscheidungspraxis beinhalten und übernehmen diese Vorurteile.[171]

Informationen aus algorithmischen Analysen finden zunehmend Verwendung in Entscheidungen von Organisationen. In weiterer Folge dienen diese Informationen nicht mehr nur als Entscheidungsgrundlage, menschliche Entscheidungen werden durch algorithmische Entscheidungen ersetzt werden.[172] Wenn Algorithmen die Entscheidungsbasis liefern, ist es für Fachkräfte mit Aufwand verbunden, wenn sie in ihrem professionellen Handeln zu einer anderen Interpretation kommen als der Algorithmus, denn sie müssen argumentieren, warum sie sich – eventuell sogar berechtigt – anders entschieden haben. Sofern kein Ermessensspielraum für Fachkräfte definiert wurde, kann das berechtigte Verhalten von Mitarbeiter*innen noch andere Auswirkungen haben. In Organisationen mit Leistungszielvereinbarungen können Gehaltsbestandteile mit einem Indikator verknüpft sein, was zur Folge hätte, dass ein häufiges Umentscheiden zum Wegfall von erwarteten Geldsummen führen würde. Diese unangenehmen Nebenwirkungen für Mitarbeiter*innen verstärken den Effekt, dass Algorithmen als objektiv angesehen werden. Je weniger Widerspruch und je undurchsichtiger die Kriterien der Entscheidungsfindung, desto eher können sich Fehler potenzieren.

Algorithmen sind aber nur so gut wie ihre Datenbasis. Dies zeigen aktuell die Auswirkungen der COVID-19-Krise auf das automatisierte Entscheidungs- und Profilingsystem des Arbeitsmarktservice Österreich. Das AMS-Arbeitsmarkt-Chancen-Modell („PAMAS“) ordnet Arbeitslose, je nach ihren berechneten (Wieder-)Beschäftigungschancen, drei Segmenten zu. Ziel ist es, die Effektivität der eingesetzten Mittel zu steigern, indem ein statistisches Modell die erwartete Reintegrationschance in den ersten Arbeitsmarkt berechnet.[173] Zugrunde liegen Daten von Kund*innen des AMS (in Österreich werden Klient*innen des AMS als Kund*innen bezeichnet) sowie Daten des regionalen Arbeitsmarktes. Durch die COVID-19-Krise sind die Daten des regionalen Arbeitsmarktes jedoch nicht

---

[171] Seelmeyer (2019), S. 60

[172] Schneider/Seelmeyer (2018), S. 23

[173] arbeit plus (2019b), S. 1 ff.

valide, da weder ihre Prognostizierbarkeit noch die übliche Verteilung von Stellen in Branchen gegeben ist.

Je autonomer Algorithmen Entscheidungen fällen, desto dringlicher die Fragen nach der ethischen Grundlage dieser. Wer trägt schlussendlich die Verantwortung für die daraus entstandenen Ausführungen?[174]

Als Fachkraft in der Sozialen Arbeit sollte man sich daher mit dem Folgen von automatisierter Entscheidungsfindung sowohl auf diagnostische, als auch auf Interventionsentscheidungen auseinandersetzen.

4.3 Digitale Themen

Wenn man sich mit der Veränderung der digitalen Lebenswelten beschäftigt, taucht unwiderruflich die Frage auf: Was beschäftigt denn eigentlich den modernen Klienten, die moderne Klientin? Mit welchen Themenstellungen kommt er/sie in die Beratung? Und wie kann ich als Sozialarbeiter*in adäquat darauf reagieren? Die Digitalisierung beschreibt längst nicht mehr eine rein technische Veränderung, sie bedeutet eine gesellschaftliche Revolution, welche die Lebenswelten der Menschen verändert.[175] Durch die neu entstehenden Lebenswelten entwickeln sich auch neue Fähigkeiten, Herausforderungen und Wünsche, welche die Klient*innen betreffen können. Daraus folgen neue Themenstellungen für die Beratung, Begleitung und Betreuung in der Sozialen Arbeit, welche durch die Digitalisierung verstärkt oder hervorgebracht wurden. Die Soziale Arbeit sieht sich immer öfter mit digitalen Themen konfrontiert. Nicht mehr nur Jugendliche sind davon betroffen: Onlinestress, Hass im Netz, Onlinespielsucht, usw. betreffen auch Erwachsene. Gleichwohl sind das Hauptklientel nach wie vor die Jugendlichen, wie auch die Auswertung der in diesem Buch dargestellten Studie zeigt.

Als digitale Themen, mit denen die in der Studie befragten Sozialarbeiter*innen im Rahmen ihrer Arbeit konfrontiert werden, konnten in die drei Bereiche Jugend, Sucht und reflexive Nutzung zusammengefasst werden (vgl. Abbildung 27).

---

174 Hagemann (2017), S. 168

175 Wolff (2018), S. 49

Jugend	1: Cybermobbing 2: Betrugsformen und -versuche im Internet 3: Digitaler Identitätsdiebstahl 4: Influencer 5: Cybergrooming (sexuelle Kontaktanbahnung, bzw. sexuelle Belästigung) 6: Sexting 7: Hasspostings
Sucht	1: Internetsucht 2: Computerspielsucht 3: Glücksspiel im Internet 4: Internet Kaufsucht
Reflexive Nutzung	1: Unsichere Nutzung des Internets 2: Fake News 3: Belastung durch ständige Erreichbarkeit/ Verfügbarkeit via Smartphone oder Handy

Abbildung 27: Digitale Themen in Kategorien

In den folgenden Auswertungen werden die einzelnen digitalen Themen mit ihren Häufigkeiten je nach Themenbereich dargestellt. Die Frage lautete, ob diese Themen den Sozialarbeiter*innen in ihrer Arbeit mit Klient*innen schon begegnet sind. Mit diesem Hintergrund wird die Verteilung zwischen den unterschiedlichen Häufigkeitsstufen erklärbar. So wurde die Spalte „immer" nur selten ausgefüllt. Kreuzt eine Person beispielsweise bei dem Thema Cybermobbing die Spalte „immer" an, bedeutet dies, dass dieses Thema IMMER Gegenstand der Beratung ist. Das lässt darauf schließen, dass es sich in diesem Fall um eine spezielle Einrichtung handelt, welche explizit Cybermobbing als Einrichtungs- bzw. Beratungsthema hat.

Daher wird die Relevanz eines digitalen Themas für die Soziale Arbeit nicht daran gemessen, ob dieses Thema „oft" oder „immer" in der Beratung vorkommt. Die alleinige Präsenz des Themas in den Beratungen zeigt schon, dass diese Themenstellungen relevant sind bzw. bei denen, die damit noch nicht befasst waren, vermutlich noch relevant werden.

Digitale Themen: Jugend

In der folgenden Tabelle werden gesamt alle Häufigkeitsverteilungen der einzelnen digitalen Themen zum Bereich „Jugend" dargestellt.

Digitale Themen	nie	selten	gelegentlich	oft	immer	Mittelwert
Cybermobbing	33,0	22,5	30,0	13,8	0,7	2,3
Betrugsformen und -versuche im Internet	29,6	27,3	29,6	13,5	0,0	2,3
Digitaler Identitätsdiebstahl	70,0	21,8	5,6	2,6	0,0	1,4
Influencer	57,7	22,1	13,5	6,3	0,4	1,7
Cybergrooming	42,3	32,2	18,8	6,4	0,4	1,9
Sexting	54,7	23,2	15,0	7,1	0,0	1,8
Hasspostings	32,6	20,2	30,7	16,1	0,4	2,3

Abbildung 28: Häufigkeitsverteilung von digitalen Themen in der Kategorie „Jugend"

Die Kategorie „Jugend" umfasst sieben digitale Themen, welche besonders in der Arbeit mit Kindern und Jugendlichen auftreten können.

Bei **Cybermobbing** wird eine einzelne Person im Internet angegriffen und beleidigt. Besonders die vermeintliche Anonymität der Täter*innen, die Zeit- und Ortsunabhängigkeit und die rasante Verbreitung durch das Internet machen es Täter*innen so leicht Personen über digitale Dienste zu attackieren[176]. Basisuntersuchungen zur Mediennutzung von Kindern und Jugendlichen fanden heraus, dass über jeden Fünften der befragten 12- bis 19-Jährigen schon

[176] Stüwe/Ermel (2019), S. 155 f.

einmal, entweder absichtlich oder versehentlich, falsche oder beleidigende Inhalte per Handy oder Internet verbreitet wurden. 11 % der Jugendlichen geben an, dass schon einmal peinliches oder beleidigendes Bildmaterial, auf dem sie zu sehen waren, verbreitet wurde. Gar 34 % haben einen Fall von Cybermobbing, also eine absichtliche Handlung, schon einmal im Bekanntenkreis mitbekommen.

Hingegen erleben „nur" 17 % der befragten **Hassbotschaften im Netz.**[177] Dies spiegelt sich auch bei zwei Dritteln der befragten Sozialarbeiter*innen (67,0 %) wider, welche Cybermobbing als Thema in ihrer Arbeit mit Klient*innen schon hatten. Durchschnittlich kommt das Thema Cybermobbing selten (22,5 %) bis gelegentlich (30,0 %) in der Beratung, Begleitung und Betreuung von Klient*innen vor. 0,7 % der Fachkräfte geben an, dass diese Thematik ihnen immer in der Arbeit mit Klient*innen begegnet.

Weitere digitale Themen sind auch **Betrugsformen und -versuche im Internet** und **digitale Identitätsdiebstähle**. Betrugsformen und -versuche im Internet sind mehr als zwei Dritteln der Befragten (70,4 %) in der Arbeit mit Klient*innen schon begegnet. 27,3 % der Sozialarbeiter*innen müssen sich mit diesem Thema selten befassen, 29,6 % gelegentlich. Meist werden die Angebote im Internet als kostenlos beworben. Oft soll die Teilnahme an einem Gewinnspiel mit hohen Sach- und Geldpreisen dazu dienen, die Teilnehmer*innen zu einmaligen oder dauerhaften Geldzahlungen zu verpflichten. Zudem werden persönliche Daten der Teilnehmer*innen wie etwa Alter, Geschlecht, vollständiger Name oder auch die Postanschrift über diese Täuschungsversuche generiert. Diese Betrugsformen bzw. -versuche sind oftmals auf den ersten Blick nicht zu erkennen. Auch beim Einkauf im Internet gilt Vorsicht vor Betrug und Datendiebstahl. So können beispielsweise ein unvorsichtiges Nutzer*innenverhalten oder Sicherheitslücken am Computer dazu führen, dass Kunden- und Zahlungsdaten von anderen gestohlen werden. Auch das Erkennen von sogenannten „Fake-Shops" benötigt eine hohe Aufmerksamkeit, da diese oftmals sehr aufwändig gestaltete und seriös wirkende Websites besitzen. Beim Einkauf in einem „Fake-Shop" zahlt der Nutzer, die Nutzerin das Geld ohne das Produkt zu erhalten. Zu den Betrugsformen zählen auch Phishing-Mails, welche an Personen ausgesendet werden, um an sensible Daten (Kreditkartennummer, PINS, etc.) oder Passwörter zu

[177] mpfs (2018), S. 62 ff.

gelangen. Die Versender nehmen meist die Identität von vermeintlich seriösen Unternehmen wie Banken, Internetshops oder ähnlichen an.[178]

Entgegengesetzt verhält sich die Verteilung bei **digitalen Identitätsdiebstählen**. Diese kommen bei 70 % der Sozialarbeiter*innen nie in der Beratung vor. Etwa ein Fünftel (21,8 %) gibt an, dass dies selten ein Thema sei.

Besonders **Influencer** durchdringen die Lebenswelt der Klient*innen und prägen somit ihre Wünsche, Vorstellungen und Ängste.[179] Insbesondere in der Berufsorientierung von Jugendlichen nehmen die Lieblingsinfluencer der Jugendlichen eine große Rolle ein. Oftmals dienen sie als Vorbild und als Beweis, dass es möglich sei, Geld durch Instagram, Youtube und Co. zu verdienen. So können Influencer sowohl direkt Thema in der Arbeit mit Klient*innen sein oder indirekt, indem sie die Ansichten ihrer Zuschauer*innen prägen. Für zwei Fünftel der Fachkräfte der Sozialen Arbeit (42,3 %) sind Influencer Thema in der Arbeit mit Klient*innen. Davon begegnet 6,4 % dieser Bereich oft und 0,4 % geben an, dass Influencer immer Gegenstand der Arbeit mit Klient*innen seien.

Cybergrooming beschreibt die gezielte sexuelle Kontaktanbahnung von Personen gegenüber Mädchen und Jungen. Personen mit pädokriminellen Neigungen kontaktieren Kinder und Jugendliche über Chat-Portale. Sie freunden sich mit den Kindern und Jugendlichen an und fragen sie beispielsweise dann nach bisherigen sexuellen Erfahrungen oder fordern diese zu sexuellen Handlungen auf. Großteils sind Mädchen von dieser sexuellen Belästigung betroffen, jedoch sind Jungen davon auch nicht ausgeschlossen. Der Kontakt findet meist über private Chats, Communitys und Messenger statt.[180] Die befragten Sozialarbeiter*innen geben an, dass sie mit Cybergrooming zu 42,3 % nie konfrontiert sind, etwa bei einem Drittel tritt dieses Thema selten, bei 18,8 % gelegentlich sowie bei 6,4 % oft auf.

Bei **Sexting** werden selbstproduzierte, freizügige Aufnahmen über den Computer oder das Smartphone entweder versendet oder empfangen. Bei Sexting geht es immer um freiwillig angefertigte Fotos oder Videos. Als primäres Sexting wird freiwilliges Sexting zwischen

178 klicksafe (o. J. c)
179 klicksafe (o. J. d)
180 klicksafe (o. J. a)

zwei Personen beschrieben. Das sekundäre Sexting findet statt, wenn ein Sexting-Bild weitergeleitet wird und andere Personen dieses ohne Einverständnis der abgebildeten Person weiterverschicken. Sexting kann als neue Facette des Sexuallebens in der digitalisierten Welt gesehen werden. Daher wird dies nicht nur von Jugendlichen, sondern auch von Erwachsenen betrieben. Sexting ist nicht per se schlecht, jedoch sollten die Risiken von Sexting wie etwa unerlaubte Weitergabe von Fotos[181] mit den Klient*innen besprochen werden. Ein Massenphänomen ist Sexting jedoch nicht.[182] Mehr als die Hälfte der Sozialarbeiter*innen (54,7 %) sind dem Thema noch nie in ihrer Arbeit begegnet. Lediglich 7,1 % haben diese Thematik oft in Beratungen.

Im Gegensatz zu Cybermobbing betreffen **Hasspostings** (Hate Speech) meist keine Einzelperson, sondern ganze Personengruppen. Diese Hassbotschaften unterliegen nicht mehr der Meinungsfreiheit, da sie die Rechte anderer Personen verletzen und zum Hass gegenüber bestimmten Gruppen aufrufen[183]. Bei zwei Dritteln der befragten Sozialarbeiter*innen (67,4 %) sind Hasspostings Thema in der Arbeit mit Klient*innen. Davon kommt bei ungefähr einem Drittel der Fachkräfte (30,7 %) diese Thematik gelegentlich und bei 16,1 % oft vor.

Richtet sich nun der Blick auf die Beratung, Begleitung und Betreuung von Klient*innen, zeigt sich, dass die Fachkräfte über ein fundiertes Wissen verfügen müssen, um auf die digitalen Themen adäquat in der Arbeit mit den Klient*innen reagieren zu können. Besonders in der Arbeit mit Kindern und Jugendlichen zeigt sich, dass die Kinder und Jugendlichen die Fachkräfte im Umgang mit digitalen Technologien übertreffen. In diesem Zusammenhang ist wichtig zu erwähnen, dass es in der Kinder- und Jugendarbeit nicht primär darum geht als Fachkraft technisch kompetent zu sein. Es geht vielmehr darum, eine Haltung zu digitalen Medien und deren Verwendung zu entwickeln und diese vor den Kindern und Jugendlichen zu vertreten[184] sowie ein umfangreiches Wissen über die digitalen Lebenswelten der Klient*innen zu verfügen. Hierzu zählen vor allem auch die oben genannten digitalen Themen.

[181] klicksafe (o. J. b)
[182] klicksafe (o. J. b)
[183] Stüwe/Ermel (2019), S. 158 f.
[184] Stüwe/Ermel (2019), S. 104

Digitale Themen: Sucht

In der folgenden Tabelle werden in Prozent alle Häufigkeitsverteilungen der einzelnen digitalen Themen zum Bereich „Sucht" dargestellt.

Digitale Themen	nie	selten	gelegentlich	oft	immer	Mittelwert
Internetsucht	20,6	18,4	39,6	21,0	0,4	2,6
Computerspielsucht	18,0	20,2	35,2	26,2	0,4	2,7
Glücksspiel im Internet	27,7	25,4	33,0	13,9	0,0	2,3
Internetkaufsucht	26,6	24,0	40,0	9,4	0,0	2,3

Abbildung 29: Häufigkeitsverteilung von digitalen Themen in der Kategorie „Sucht"

Die vier Themen Internetsucht, Computerspielsucht, Glücksspiel im Internet und Internetkaufsucht wurden zur Kategorie „Sucht" zusammengefasst. Besonders rein virtuelle Spielewelten bieten den Menschen eine neue eigene Wirklichkeit, welche die Möglichkeit bietet, tief in diese virtuelle Welt einzutauchen. Dadurch beginnen die Nutzer ihre eigene reale Welt zu vernachlässigen und entwickeln Symptome einer Sucht.[185]

Obwohl die **Internetsucht** noch nicht als eigenständiges Störungsbild in den geltenden Klassifikationssystemen psychischer Störungen gilt, weist sie klassische Abhängigkeitskriterien auf. Die Person hält sich übermäßig lange im Internet auf. Sie fühlt sich gezwungen, viel Zeit im Internet zu verbringen und die Onlinezeit steigt stetig. Das Verhalten – in diesem Fall das Internetsurfen – bringt der Person keinen direkten Nutzen mehr. Es ist ihr auch nicht mehr möglich, den Umfang und die Art und Weise des Verhaltens zu steuern. Unter Fachleuten ist klar, dass die Internetsucht ein klinisch relevantes Phänomen mit Störungscharakter darstellt, welches erst durch Studien klassifiziert werden muss.[186] Der Großteil der befragten

[185] Kreidenweis (2018a), S. 16
[186] Müller (2013), S. 2 ff.

Sozialarbeiter*innen (79,4 %) gibt an, dass ihnen die Internetsucht als Thema in der Beratung, Betreuung und Begleitung ihrer Klient*innen begegnet. Bei 39,6 % kommt diese Thematik gelegentlich und bei 21 % oft in der Arbeit vor.

Die **Computerspielsucht** wurde 2018 in das Klassifikationssystem ICD 11 aufgenommen und damit von der WHO im neuen Katalog offiziell zur Krankheit erklärt.[187], [188], [189] Auch die Thematik der Computerspielsucht ist den Sozialarbeiter*innen (80,2 %) in ihrer Arbeit mit den Klient*innen begegnet. Bei etwa einem Drittel der Befragten kommt die Computerspielsucht gelegentlich und bei 26,2 % oft in der Beratung, Begleitung und Betreuung von Klient*innen vor.

Bei mehr als zwei Dritteln der Fachkräfte (72,1 %) hält das Thema **Glücksspiel im Internet** Einzug in die Arbeitsthemen mit Klient*innen. Durchschnittlich begegnet den Sozialarbeiter*innen diese Thematik selten bis gelegentlich in ihrer Arbeit. Eine ähnliche Verteilung zeigt das digitale Thema der **Internetkaufsucht**.

Digitale Themen: Reflexive Nutzung

In der folgenden Tabelle werden in Prozent alle Häufigkeitsverteilungen der einzelnen digitalen Themen zum Bereich „Reflexive Nutzung" dargestellt.

Digitale Themen	nie	selten	gelegentlich	oft	immer	Mittelwert
Unsichere Nutzung des Internets	14,2	16,9	33,3	33,0	2,6	2,9
Fake News	22,1	18,4	22,5	34,8	2,2	2,8
Belastung durch ständige Erreichbarkeit/ Verfügbarkeit	21,0	22,1	30,0	24,7	2,2	2,7

Abbildung 30: Häufigkeitsverteilung von digitalen Themen in der Kategorie „Reflexive Nutzung"

[187] Die Bezeichnung lautet ICD-11 6C51.0 Gaming disorder, predominantly online

[188] vgl. WHO (2018) und WHO (2019)

[189] Jensen (2018)

Die Kategorie „Reflexive Nutzung" beschreibt drei digitale Themen, bei welchen die Klient*innen über ihr eigenes digitales Nutzungsverhalten nachdenken müssen. Die reflexive Nutzung des Internets ermöglicht den Klient*innen einen gesunden, sicheren und bewussten Umgang mit dem Internet. Die Fähigkeit seine Gesundheit sowie sein Wohlbefinden im Kontext Digitalisierung zu schützen und sich den Auswirkungen seines digitalen Fußabdruckes bewusst zu sein, ist auch Teil des digitalen Kompetenzmodells (DigComp 2.1 und 2.2 AT).[190]

Lediglich bei 14,2 % der befragten Sozialarbeiter*innen war die **Unsichere Nutzung des Internets** noch nie Thema in der Arbeit mit den Klient*innen. Durchschnittlich kommt diese Thematik gelegentlich (33,3 %) vor.

Das Thema **Fake News** ist 77,9 % der Fachkräfte schon in der Beratung, Begleitung und Betreuung von Klient*innen begegnet. Mehr als ein Drittel der Sozialarbeiter*innen geben an, dass dies sogar oft (34,8 %) der Fall sei. Besonders Jugendliche, aber auch Erwachsene informieren sich zunehmend in Sozialen Medien über aktuelle Ereignisse. Durch die starke Informationsflut im Internet erscheint es den Nutzer*innen immer schwieriger Informationen und Nachrichten aus dem Internet auf ihre Seriosität zu überprüfen. Laut der JIM-Studie 2019 des deutschen medienpädagogischen Forschungsverbunds Südwest[191] können zahlreiche Schüler*innen nur schwer fundierte Nachrichten erkennen. Sie achten vor allem mehr auf detailreiche Texte und Bildbelege, als auf die Quellen selbst.[192]

Auch die **Belastung durch ständige Erreichbarkeit/Verfügbarkeit durch das Smartphone** begegnet vielen Befragten (79 %) in der Arbeit mit ihren Klient*innen. Für etwa ein Drittel der Sozialarbeiter*innen (30 %) ist dies gelegentlich ein Thema. Durch die digitalen Medien verschwimmt die Grenze zwischen Beruf und Freizeit immer mehr. Diese Entgrenzung beeinflusst auch das Arbeitsklima im Berufsleben. Der ständige Druck stets erreichbar zu sein und rasch auf Anfragen reagieren zu müssen, kann auch zu

---

[190] BMDW (2018), S. 8

[191] https://www.mpfs.de/studien/?tab=tab-18-1

[192] klicksafe (o. J. e)

chronischem Stress führen.[193] Dies gilt jedoch nicht nur für die Arbeitswelt, auch im privaten Umfeld kann es zu der Erwartungshaltung kommen, für jeden jederzeit verfügbar sein zu müssen.

Zusammenfassung

Die jeweiligen digitalen Themen in den Bereichen „Jugend", „Sucht" und „Reflexive Nutzung" werden nun zu einer Dimension zusammengefasst. Die Auswertung hat gezeigt, dass einige digitale Themen statistisch einen Zusammenhang aufweisen. Das bedeutet, dass ein gewisses Thema in einer Beratungsstelle auch häufiger ein anderes digitales Thema mitbringt bzw. die Klient*innen der Organisation häufiger von bestimmten digitalen Themen betroffen sind als von anderen. Beispielsweise kommt in einer Beratungsstelle häufig das Thema Cybermobbing in der Arbeit mit Klient*innen auf, in gleicher Weise kommen aber auch die Themen Hasspostings und Influencer vor.

In der folgenden Abbildung sind die drei Kategorien „Jugend", „Sucht" und „Reflexive Nutzung" mit ihren Häufigkeiten abgebildet.

Kategorie	nie	selten	gelegentlich	oft	immer	Mittelwert
Jugend	36,0	41,2	20,2	2,6	0,0	1,9
Sucht	14,2	24,7	46,8	14,2	0,0	2,6
Reflexive Nutzung	9,0	29,2	36,7	23,6	1,5	2,8

Abbildung 31: Häufigkeit digitaler Themen je Kategorie

Die digitalen Themen, welche zur Kategorie Jugend zählen, kommen durchschnittlich selten in der Praxis vor (Mittelwert 1,9). 36% der befragten Sozialarbeiter*innen gaben an, dass dieser Themenberiech nie vorkommt. Wie schon erwähnt, betreffen diese digitalen Themen hauptsächlich jüngere Klient*innen, daher kommt es stark auf das Handlungsfeld der Sozialarbeiter*innen an, ob die digitalen Themen vorkommen oder nicht. Etwa einem Fünftel der Befragten (20,2 %) begegnen diese „jugendlichen" Themen

[193] Stüwe/Ermel (2019), S. 45

gelegentlich in ihrer Arbeit. Beinahe die Hälfte der Sozialarbeiter*innen (46,8 %) kommen gelegentlich mit dem Themenbereich Sucht in der Praxis in Berührung. 14,2 % gaben sogar an, dass dies oft der Fall sei. Die digitalen Themen der Reflexiven Nutzung kommen durchschnittlich gelegentlich vor (Mittelwert 2,8). Mehr als ein Fünftel der Sozialarbeiter*innen (23,6 %) gaben an, dass diese Themen in der alltäglichen Arbeit oft auftauchen. Die gleichmäßigere Verteilung des Themenbereichs „Reflexive Nutzung" lässt darauf schließen, dass es sich um Themen handelt, welche gesamtgesellschaftlich relevant sind. Hingegen können die Themenbereiche „Jugend" oder „Sucht" einzelne Bevölkerungsgruppen häufiger treffen als anderen.

Die digitalen Themen, welche in der Arbeit mit den Klient*innen benötigt werden, sind vielseitig und beschränken sich nicht nur auf die in unserer Studie abgefragten Themen. In Bezug auf die „Reflexive Nutzung" ist auch das Wissen über Filterblasen und deren Auswirkungen auf die Menschen überaus relevant. Sie entstehen durch Algorithmen und zeigen nun den Menschen nur noch Informationen, für welche sie offen sind und die zu ihrem Weltbild passen. Die auf Algorithmen basierten Informationen verfestigen somit unsere Weltanschauungen und tragen bei, dass die virtuelle Realität die Wahrnehmung der realen Welt beeinflusst.[194] Werden beispielsweise einer Person in ihrem Newsfeed einige Beiträge über die fehlende Sicherheit am lokalen Bahnhof angezeigt, so wird sie automatisch nach den „gefährlichen" Situationen am realen Bahnhof filtern. Früher oder später wird sie fündig werden, dabei müssen diese Momente nicht objektiv gefährdend sein. Die Person hat durch die virtuelle Filterblase eine eigene Brille bekommen, mit welcher sie auch die reale Welt betrachten kann. Weitere digitale Themen werden auf der Website klicksafe.de[195] aufgelistet. Darunter fallen beispielsweise die Suizidgefährdung online, selbstverletzendes Verhalten online, die Verherrlichung von Essstörungen, Nutzung von pornografischen Seiten, Rechtsextremismus oder auch Salafismus.

Anzunehmen ist, dass die Bandbreite digitaler Themen zunimmt, zumal Digitalisierung immer mehr Einzug in sämtliche Lebensbereiche hält. Anzunehmen ist außerdem, dass das Vorkommen digitaler

194 Kreidenweis (2018a), S. 15
195 klicksafe.de/themen

Themen im Rahmen der Arbeit mit Klient*innen immer mehr wird. Ein Beispiel dafür stellt die Aufnahme der Diagnose Computerspielsucht im ICD 11 dar, mit der immer mehr Sozialarbeiter*innen vor allem in der Arbeit mit Kindern und Jugendlichen konfrontiert sind.[196] Diese Diagnose gäbe es nicht, wenn es Computerspiele nicht gäbe. Es liegt also nahe, dass sich mit zunehmender gesellschaftlicher Durchdringung digitaler Medien auch damit einhergehende Problematiken häufen. Und die Arbeit mit eben diesen wird Auftrag der Sozialen Arbeit sein.

Sozialarbeiter*innen sollten daher die Augen für die Digitalisierung und die damit einhergehenden Themen der Klient*innen offen halten, um diesen kompetent begegnen zu können.

[196] WHO (2019)

5. Rahmenbedingungen in Organisationen

Die Nutzung digitaler Tools in der Sozialen Arbeit hat in den Organisationen an Bedeutung gewonnen. Beispielsweise werden diese für administrative Abläufe, Fallbearbeitungen oder Falleinschätzungen verwendet. Der Einsatz digitaler Medien wird einerseits zur Kommunikation mit Fachkräften und Klient*innen genutzt und andererseits als fachspezifische Software in der Organisation integriert[197].

Kutscher identifiziert drei wesentliche Ebenen, in denen sich die Digitalisierung auf die Soziale Arbeit auswirkt – wir haben diese bereits in der Einleitung genannt, wiederholen diese aufgrund ihrer Wichtigkeit hier aber noch einmal:

1. Soziale Netzwerke und mobile Dienste durchdringen die Lebenswelt der Klient*innen, daher nutzen die Fachkräfte und Organisationen diese, um die Klient*innen anzusprechen und mit ihnen in Kontakt zu treten.

2. Digitalisierte Formen der Informationsverarbeitung und -kommunikation innerhalb und zwischen Organisationen gewinnen an Bedeutung.

3. Soziale Dienstleistungen werden zunehmend digitalisiert, beispielsweise in Form von Onlineberatung[198].

Bislang werden digitale Tools vorwiegend in der Falladministration (digitale Fallakten) oder zu softwarebasierten Verfahren zur Diagnostik in der Sozialen Arbeit verwendet.[199] Die Kommunikation mit Klient*innen über digitale Medien, abgesehen von E-Mail, ist vielerorts noch ein ungeregeltes und schlecht gesteuertes Thema.[200]

5.1 Kommunikationsmittel mit Klient*innen

Die Ergebnisse der Studie zeigen, dass die Mittel zur Kommunikation mit Klient*innen in die zwei Kategorien (traditionelle/moderne Mittel) zusammengefasst werden können. Der traditionelle Weg

[197] Stüwe/Ermel (2019), S. 52
[198] Kutscher (2018), S. 1430
[199] Kutscher (2018), S. 1431
[200] Degenhardt (2018), S. 262 f.

umfasst die telefonische Kommunikation, E-Mail sowie den Postweg. Der moderne Weg läuft über Messenger sowie soziale Medien.

Das persönliche Gespräch wurde keiner der beiden Kategorien zugeführt und außen vorgelassen. Dieses kommt, die Ergebnisse überraschen nicht, am häufigsten vor (94,7 % oft bzw. immer) – ungeachtet sonstiger Kommunikationsmittel.

Hier ist auffallend, dass traditionelle Kommunikationsformen um ein Vielfaches häufiger verwendet werden. 65,5 % der Befragten beispielsweise geben an, dass sie nie über moderne Kommunikationsmittel mit Klient*innen kommunizieren. Welche Gründe dies beeinflussen, wurde nicht näher befragt. Grundsätzlich ergeben sich daher mehrere Denkrichtungen: Die Verbreitung digitaler Kommunikationstools (Software, Smartphones zur betrieblichen Nutzung, Infrastruktur wie WLAN) ist noch nicht so weit vorgeschritten, als dass sich das in den Ergebnissen zeigen könnte. Auch könnte die Datenschutz-Grundverordnung (DSGVO) ihren Teil dazu beigetragen haben, die die Verwendung des bereits eingesetzten Messengerdiensts WhatsApp verbietet (zumindest ist dies die überwiegende juristische Meinung). Eine weitere Erklärung dafür, dass die befragten Sozialarbeiter*innen großteils über traditionelle Kommunikationsformen mit ihrer Zielgruppe kommunizieren, könnten die Wünsche und Anforderungen der Klient*innen selbst sein. Wenn die Zielgruppe beispielsweise andere Kommunikationsmittel wünscht (z. B. in der Jugendarbeit), so wird der Einsatz dort schneller digital erfolgen als anderswo.

Spannend bleibt wie immer die Tatsache, dass E-Mail nach wie vor gerne zur Kommunikation mit Klient*innen genutzt wird, obwohl die E-Mail ohne weitere Vorkehrungen keine sichere Möglichkeit zur Kommunikation darstellt. Darin übertragene Daten sind unverschlüsselt und die Übertragung an sich nicht sicher; dieses Manko ist nicht nur aus der Sicht der professionellen Arbeit wegen der Geheimhaltung relevant, sondern auch aus Sicht der datenschutzrechtlichen Vorgaben (zur Erläuterungen rund um die DSGVO siehe Kapitel 5.7).

Die nachfolgende Abbildung zeigt die Ergebnisse zu den Kommunikationsmitteln im Detail:

Kommunikationsmittel mit Klient*innen	traditionell	modern	persönliches Gespräch
nie	2,2	65,5	0,7
selten	27,3	19,5	0,7
gelegentlich	53,6	10,9	3,7
oft	16,1	3,4	48,3
immer	0,7	0,7	46,4
Mittelwert	**2,9**	**1,5**	**4,4**

*Abbildung 32: Kommunikationsmittel mit Klient*innen*

Der Austausch von Nachrichten oder Statements bleibt für Jugendliche ein zentrales Nutzungsmotiv des Internets. Dies erfolgt in Form von Text, Emojis, Fotos oder Videos – die Nutzung von Social Media ist Teil des Alltags von Jugendlichen. Dies bestätigen die Basisuntersuchungen zur Mediennutzung von Kindern und Jugendlichen des Medienpädagogischen Forschungsverbundes Südwest.[201] Allen voran wird WhatsApp mit 95 % am häufigsten genutzt. Bei der täglichen Nutzung folgt Instagram mit 51 % und Snapchat mit 46 % täglicher Nutzung. Facebook landet – weit abgeschlagen – bei 8 % täglicher Nutzung.

Um mit diesen Jugendlichen zu kommunizieren gehört das Wissen über diese sozialen Medien sowie der Umgang damit zum Werkzeugkasten von Sozialarbeiter*innen.

Wie für die befragten Jugendlichen der Basisuntersuchung zur Mediennutzung, ist auch für die über 14-Jährigen WhatsApp mit 56 % der Spitzenreiter – so die Befragten der Digital-Index Studie. Dem Messengerdienst, der zunehmend auch bei älteren Generationen verbreitet ist, folgt jedoch in der Häufigkeit mit 41 % Facebook,

[201] mpfs (2018), S. 40

danach YouTube mit 35 %. Auffallend ist hier, dass die Nutzungsquote bei höher Gebildeten mit 78 % deutlich höher liegt als bei den gering Gebildeten mit 42 %.[202]

5.2 Rahmenbedingungen für Digitale Kommunikation

Im Zuge der Verkündung der Datenschutz-Grundverordnung im Jahr 2017 traten immer mehr Unsicherheiten der Mitarbeitenden bezüglich der digitalen Kommunikation mit Klient*innen auf. Organisationsinterne Regelungen schaffen mehr Klarheit und Sicherheit für die Sozialarbeiter*innen. Wer meint, dass solche spezifischen Regelungen zur digitalen Kommunikation zwischenzeitlich schon in den Organisationen implementiert sind, der wird durch das Ergebnis der Studie eines Besseren belehrt: Die Sozialarbeiter*innen wurden in der Studie danach gefragt, ob es innerhalb ihrer Organisation Rahmenbedingungen für die digitale Kommunikation mit Klient*innen gibt. Die folgende Übersicht stellt die Ergebnisse im Detail dar.

Rahmenbedingungen	Prozent
Ja, diese sind dokumentiert.	40,8
Ja, aber diese sind nicht formell dokumentiert.	33,0
Mir sind keine Rahmenbedingungen bekannt.	21,0
Nein, es gibt keine Rahmenbedingungen.	5,2

Abbildung 33: Rahmenbedingungen für digitale Kommunikation

Dem Großteil der Sozialarbeiter*innen liegen zwar Rahmenbedingungen vor, wie sie mit ihren Klient*innen digital kommunizieren dürfen. Diese Rahmenbedingungen sind aber nur zu 40,8 % dokumentiert; 33,0 % arbeiten mit formell nicht festgehaltenen Bedingungen. Einem Fünftel der Teilnehmer*innen (21,0%) sind keine Rahmenbedingungen bekannt, 5,2 % geben an, dass es keine Rahmenbedingungen innerhalb der Organisation gibt.

Schriftlich niedergelegte Rahmenbedingungen etwa in Form von Guidelines, Betriebs- oder Dienstvereinbarung sowie das zur Verfügung stellen dieser Dokumente via Intranet oder sonst von allen Mitarbeitenden, die „Außenkontakt“ haben, gehört zur Fürsorgepflicht der Organisation und sollte dringend umgesetzt werden.

[202] Initiative D12 (2019), S. 24

Zur Entwicklung und Einführung dieser Rahmenbedingungen bietet sich ein partizipativer Prozess an. Hier kann als Beispiel die Implementierung von Social Media Guidelines der Caritas Deutschland angeführt werden.

> In einem partizipativen Prozess wurden Leitlinien zur Nutzung sozialer Medien für die Mitarbeiter*innen der Caritas in Deutschland entwickelt. Diese sind als Aufforderung formuliert als Mitarbeiter*in aktiv zu sein; gleichzeitig grenzen sie berufliche und private Aktivitäten in Social-Media-Kanälen ab. In 8 Punkten werden neben einer Netiquette auch die Themen Sicherheit und Urheberrecht angesprochen.[203]

5.3 Zeit mit Klient*innen ohne die Verwendung digitaler Hilfsmittel

In Gesprächen mit Fachkräften hört man immer wieder Aussagen wie: „Mit dem ganzen Digitalen bleibt ja kaum noch Zeit für die Klient*innen". Dieser Aussage ist die Studie mit der Frage nachgegangen, wie viel Zeit mit Klient*innen ohne jegliche digitale Hilfsmittel aufgebracht wird.

Die nachfolgende Übersicht zeigt die Verteilung der Antworten in der Studie.

Ich arbeite im direkten Klient*innenkontakt	Prozent
unter 20 %	10,1
20–40 %	7,9
40–60 %	10,1
60–80 %	28,5
über 80 %	43,4
der Zeit OHNE die Verwendung digitaler Hilfsmittel	
Mittelwert	**3,9**

Abbildung 34: Zeit ohne digitale Hilfsmittel

[203] Deutscher Caritasverband (o. J.)

Wie in der Abbildung 33 ersichtlich, ist der Anteil der Zeit, die mit den Klient*innen ohne digitale Hilfsmittel gearbeitet wird, nach wie vor sehr hoch. Durchschnittlich arbeiten die befragten Sozialarbeiter*innen 60–80 % im direkten Klient*innenkontakt ohne digitale Hilfsmittel zu verwenden. Umso erstaunlicher ist die Betrachtung der Umkehrung dieser Frage: Mehr als die Hälfte der Sozialarbeiter*innen verwendet im direkt Klient*innenkontakt digitale Hilfsmittel. Dazu zählen neben PC, Laptop, Tablet, Smartphone auch das Internet sowie spezifische Anwendungen (z. B. E-Mail, Fachsoftware, Testungstools). Gut 10 % der Befragten verwenden in 80 % der Zeit des direkten Klient*innenkontaktes digitale Hilfsmittel.

Dem Monitor für Digitalisierung am Arbeitsplatz zufolge nutzen 83 % der Beschäftigten in deutschen Betrieben mit mehr als 50 Beschäftigten des privaten Sektors digitale Technologien am Arbeitsplatz.[204]

5.4 Erwartete digitale Kompetenzen bei der Bewerbung

Es herrscht allgemeiner Konsens darüber, dass sich die Digitalisierung auf die Soziale Arbeit auswirkt. Demnach müssten die Kompetenzen im Umgang mit der Digitalisierung auch von Arbeitgebern an künftige Mitarbeiter*innen bei Stellenausschreibungen bzw. bei Bewerbungen thematisiert werden.

Schrolldecker und Schneider haben in einer systematischen Analyse von Stellenausschreibungen versucht zu eruieren, inwieweit sich die Digitalisierung in Stellenausschreibungen wiederfindet. Die Annahme ist, dass Kompetenzen für den digitalen Wandel von Sozialen Unternehmen formuliert werden und bei der Personalakquise in Texten nachweisbar sein müssten.[205] Die Textanalyse konzentrierte sich dabei auf die Themenfelder Dokumentation, Kommunikation sowie Software und PC, da dies typische in sozialen Organisationen eingesetzte digitale Werkzeuge sind. Ergebnis beim Themenfeld Dokumentation war, dass Bewerber*innen Dokumentation als einen Bestandteil der operativen Tätigkeit führen können sollen. Jedoch gab es kaum Nennungen für Kompetenzen im digitalen Kontext. Die Dokumentation

[204] Bundesministerium für Arbeit und Soziales (2016), S. 6

[205] Schrolldecker/Schneider (2019), S. 151 ff.

ist eines der potenziellen Gebiete für Digitalisierungsansätze, weshalb man erwarten könnte, hier erste Nennungen zu finden. Ähnliches zeigt sich auf dem Gebiet der Kommunikation. Es sind kaum Formulierungen dazu in den Stellenausschreibungen zu finden. Beim Umgang mit Software und PC zeigt sich ein differenzierteres Bild, hier werden klassische Office-Programme in unterschiedlichen Kompetenzniveaus gefordert. Es werden zwar analoge Kompetenzen zu Dokumentation und Kommunikation in Stellenausschreibungen verlangt, aber keine digitalen Kompetenzen erwähnt. Dies kann vielerlei Gründe haben. Von der impliziten Voraussetzung bis hin zur Annahme, dass sich diese Kompetenzen gar nicht erwartet werden. Schrolldecker und Schneider stellen die interessante These auf, dass sich erst bei etablierten digitalen Prozessen diese auch in Form von Kompetenzanforderungen in Stellenprofilen zeigen werden.

In der in diesem Buch präsentierten Studie wurde erhoben, inwieweit die digitalen Kompetenzen bei der Bewerbung kommuniziert werden. Die Ergebnisse ergänzen die Erhebungsergebnisse von Schrolldecker und Schneider.

Etwas mehr als die Hälfte der Sozialarbeiter*innen sagen, dass digitale Kompetenzen bei der Bewerbung implizit oder explizit vorausgesetzt werden. Davon geben 18,7 % an, dass diese auch klar in der Ausschreibung beschrieben werden. Deutlich mehr Personen, nämlich 34,8 % sagen, dass digitale Kompetenzen – obwohl verlangt – nicht klar in der Ausschreibung formuliert werden. Dies könnte daran liegen, dass dieser Teil der Befragten schon länger in der Organisation angestellt ist und über aktuelle Bewerbungsvoraussetzungen nicht Bescheid weiß.

Rund 21 % der Befragten geben an, dass bei der Bewerbung keine digitalen Kompetenzen gefordert werden. Hier stellt sich die Frage, warum diese nicht gefordert werden. Zum einen wäre es denkbar, dass vielen Organisationen die Anforderungen nicht bewusst sind und diese daher nicht formuliert werden.

Im Kontext des Wissensmanagements sprechen Probst et al. von „unbekannten Experten". Demnach ist das Individuum Träger von Fähigkeiten, die dem Arbeitgeber nur zum Teil bekannt sind. Ein wesentlicher Teil der Fähigkeiten von Mitarbeiter*innen wird aus diversen Gründen gar nicht erfasst und ist damit nicht sichtbar.

Diese Intransparenz führt dazu, dass Expertenwissen nicht genutzt werden kann.[206]

Die Studienergebnisse unterstreichen die von Schrolldecker und Schneider kategorisierten Themenfelder Dokumentation, Kommunikation sowie Software und PC. Jene 53,5 % der Befragten, die angaben, dass digitale Kompetenzen bei der Bewerbung vorausgesetzt würden, wurden durch eine weitere Frage ersucht, die geforderten digitalen Kompetenzen genauer zu spezifizieren. Hier handelte sich um eine offene Frage, welche nicht von allen Teilnehmer*innen beantwortet wurde. Die Sozialarbeiter*innen konnten auch mehrere geforderte digitale Kompetenzen angeben. Die Antworten wurden inhaltlich zusammengefasst, daraus wurden Kategorien gebildet. Daraus ergibt sich folgendes Bild (Abbildung 35):

Digitale Kompetenzen bei der Bewerbung	Prozent
Softwarekenntnisse (z. B. Office, Datenbanken, einrichtungsspezifische Software benutzen können zur Dokumentation, Abrechnung, Zeitaufzeichnung, Beantragung von Reisekosten)	38,5
Sicherer Umgang mit PC und Internet (z. B. qualitative Recherche, Browser sicher bedienen)	13,3
Bedienung eines Smartphones	3,5
DSGVO-konformes Handeln	4,9
Kommunikation (z. B. durch Mail, Messenger, Telefonanlage)	16,8

Abbildung 35: Digitale Kompetenzen bei der Bewerbung

5.5 Nutzung Sozialer Medien in der Organisation

Digitale, insbesondere soziale Medien, eröffnen neue Möglichkeiten der Kommunikation. Dank ihnen ist es nun möglich, zeit- und ortsunabhängig zu kommunizieren und neue Dimensionen von Vernetzung, Interaktivität und Informationsgewinnung zu leben. Dies

[206] Probst et al. (2003), S. 69

gilt nicht nur für die private Nutzung sozialer Dienste, sondern auch für das berufliche Umfeld in und für soziale Organisationen.

Die Möglichkeiten gestalten sich vielfältig. So können soziale Medien etwa zur Kommunikation mit Klient*innen und Vernetzungspartner*innen als auch zur eigenen Präsentation der Organisation dienen. Bislang werden soziale Medien vor allem zur Informationsweitergabe und Imagepflege verwendet.[207] Social Media stellt einen Sammelbegriff für bestimmte Angebote und Formen digital vernetzter Medien dar. Diese erleichtern sowohl das onlinebasierte Bearbeiten und Veröffentlichen von Inhalten als auch die Beziehungspflege und den Austausch zwischen Menschen.[208], [209] Bekannte Beispiele für soziale Medien sind Facebook, Instagram, WhatsApp, Youtube, Snap Chat oder Twitter. Kinder und Jugendliche nutzen seit jüngster Zeit verstärkt TikTok. Kennzeichnend ist, dass Social-Media-Kanäle keine eigenen Inhalte produzieren, sondern diese „nur" vermitteln. Die verbreiteten Inhalte werden meist auf Servern von Rechenzentren („Cloud") gespeichert, die sich oftmals außerhalb Europas befinden. Dies führt häufig zu Diskussionen über die datenschutzkonforme Nutzung Sozialer Medien.[210]

Sei es bei einem Arztbesuch, in Warteschlangen, auf der Straße oder bei einer Zugfahrt – nicht selten nutzen die Menschen ihre Wartezeiten für das Surfen am Smartphone.[211] In Deutschland hat eine Studie gezeigt, dass die Bevölkerung durchschnittlich 71 Minuten an einem Wochentag und 80 Minuten an einem Samstag oder Sonntag mit der Nutzung sozialer Medien verbringt.[212] Die private Social Media-Nutzungszeit von Österreicher*innen wird sich hier nicht weitreichend unterscheiden. Daher stellt sich für soziale Organisationen immer mehr die Frage, ob sie diesen digitalen Raum für sich nutzen möchten. Soziale Medien geben hier den Organisationen einerseits die Möglichkeit sich zu präsentieren, andererseits mit ihrem Klientel in Kontakt zu treten. [213]

---

[207] Krause (2016), S. 446 f.
[208] Schmidt (2018), S. 17
[209] Beranek (2020), S. 427
[210] Beranek (2020), S. 427 ff.
[211] Wagner (2018), S. 206 ff.
[212] Beranek (2020), S. 429
[213] Wagner (2018), S. 206 ff.

In Leitbildern und Konzepten wird in vielen Fällen von Begegnung auf Augenhöhe gesprochen, nicht selten von Teilhabe. Die ablehnende Haltung vieler Sozialer Unternehmen gegenüber sozialen Medien ist daher erstaunlich. Gründe für die Skepsis können Angst vor Transparenz, Angst vor Verantwortung, Angst vor den Folgen für Organisationsstruktur und -kultur sowie schlichtweg Angst vor dem Aufwand sein.[214]

Werden soziale Medien in der Organisation benutzt? Und wenn ja, für welche Zwecke? Danach wurden die Sozialarbeiter*innen der Studie gefragt. Insgesamt 64,4 % der Sozialarbeiter*innen gaben an, dass die Organisation in den sozialen Medien vertreten ist. Die folgende Übersicht stellt die hauptsächlichen Nutzungsfelder in den Organisationen der Befragten dar.

Wozu werden soziale Medien in der Organisation verwendet?	Prozent
zur Präsentation der Organisation	55,8
zur Kommunikation mit Klient*innen	28,5
zur Hintergrundrecherche über Klient*innen	14,6

Abbildung 36: Nutzung sozialer Medien in der Organisation

Präsentation der Organisation

Laut der Hälfte der Sozialarbeiter*innen (55,8 %) verwendet die Organisation soziale Medien, um die Organisation zu präsentieren.

Diese Nutzung der sozialen Medien kann über die Zurverfügungstellung von Informationen zur Organisation, für weitere positive Effekte genutzt werden: die Organisation kann auf diesen Plattformen auch mit ihrer Zielgruppe, Spender*innen, Interessierten in Kontakt treten und sich vernetzen. Diese besondere Art der Vernetzung ermöglicht eine authentische Berichterstattung mithilfe von Fotos, Videos, Texten oder auch Blogeinträge.[215] So bietet die Plattform auch eine Chance sowohl den Themen der Organisation als auch den Anliegen der Klient*innen eine Bühne zu geben. Ziele

[214] Wagner (2018), S. 205 ff.

[215] Stüwe/Ermel (2019, S. 43)

einer guten Öffentlichkeitsarbeit sind daher einerseits die Politik und die damit verbundenen finanziellen Ressourcen zu beeinflussen und andererseits der Öffentlichkeit die Arbeit der jeweiligen Organisation näher zu bringen. Dadurch können Stigmata und Vorurteile gegenüber der jeweiligen Adressat*innengruppe abgebaut werden.[216]

Kommunikation mit Klient*innen

Etwa ein Drittel der Befragten (28,5 %) gibt an, dass soziale Medien zur Kommunikation mit Klient*innen verwendet werden. Die Kommunikation mit den Klient*innen ist entweder öffentlich oder geschlossen möglich. Die Organisationen können soziale Medien dazu verwenden Informationen an die Klient*innen zu senden. Hierbei besteht jedoch das Risiko, dass die Klient*innen das Gefühl bekommen dem*der Absender*in nicht antworten zu müssen. Daher ist es sinnvoll die Beiträge nicht nur zur Informationsverbreitung zu nutzen, sondern manche Beiträge so zu gestalten, dass eine Interaktion stattfinden kann. Die Möglichkeit auf Beiträge zu reagieren und zu antworten bringt auch die Gefahr von negativen Kommentaren, Shitstorms oder Beleidigungen mit sich. Aus diesem Grund plädiert Beranek dafür, dass öffentliche Kommunikation professionell moderiert werden muss, um auch rechtlichen Folgen entgegenzuwirken. Feststeht, dass eine öffentliche oder geschlossene Kommunikation über soziale Medien mit den Klient*innen den Beziehungsaufbau fördert. Zudem bieten soziale Medien eine niederschwellige Form der Beziehungsgestaltung für Klient*innen. Über soziale Medien können auch zukünftige Klient*innen oder Angehörige von aktuellen oder zukünftigen Klient*innen die Organisation kennen lernen und über die Angebote und Aktionen der Organisation informiert werden.[217] Dennoch zeigt die Praxis, dass die Kommunikation – egal ob online oder offline – Verhandlungssache ist. Manche Klient*innen wollen nicht, dass ihr Umfeld von der Inanspruchnahme sozialer Dienstleistungen erfährt. Somit sollten professionelle Helfer*innen Klient*innen nicht ohne deren Einverständnis exponieren.

---

[216] Beranek (2020), S. 431 .

[217] Beranek (2020), S. 430

Hintergrundrecherche

Soziale Medien beruhen auf Prinzipien des Teilens von Inhalten und des Informationsaustausches. Aus diesem Grund haben die Sozialarbeiter*innen alleinig aufgrund der technischen Struktur von sozialen Medien potenziell vermehrt Zugriff auf Daten und Informationen der Klient*innen, welche den Sozialarbeiter*innen sonst nicht zugänglich wären. In diesem Zusammenhang stellt sich die ethische Frage, inwieweit die Fachkräfte der Sozialen Arbeit Hintergrundrecherchen durch soziale Medien durchführen dürfen/sollen/müssen, um Zugriff auf private Daten ihrer Klient*innen zu erhalten.[218] Die Studie zeigt, die befragten Sozialarbeiter*innen (14,6%) nutzen soziale Medien nur teilweise für die Hintergrundrecherche über Klient*innen.

Auch wenn Organisationen ihren Mitarbeiter*innen verbieten über soziale Medien Hintergrundrecherchen über ihre Klient*innen durchzuführen, kann eine „doppelte" Buchführung entstehen, z.B., wenn die Organisation strenge Richtlinien hat, sich jedoch die Mitarbeiter*innen nicht an diese Regelungen halten. Dies bedeutet, dass die Informationen, welche durch soziale Medien erlangt worden sind, nicht in der Fallakte abgebildet werden, sie jedoch als informelles Wissen im Hintergrund verbleiben. Damit können Strukturen der Intransparenz über Entscheidungsgrundlagen und davon abgeleitete Interventionen entstehen.[219]

Weitere Zwecke

Neben den in der Studie genannten Zwecken können Social Media Anwendungen für weitere Zwecke, etwa zur Vernetzung mit anderen Professionellen, genutzt werden.[220]

Beranek gibt in ihrem Beitrag „Social Media und Öffentlichkeitsarbeit" einen Überblick über mögliche Zielgruppen, Kommunikationsziele und die damit verbundenen Schwierigkeiten im Zusammenhang mit der Nutzung von sozialen Medien in der Sozialen Arbeit.[221]

---

[218] Kutscher (2020), S. 350
[219] Kutscher (2020), S. 352
[220] Beranek (2020), S. 433
[221] Beranek (2020), S. 429

Zielgruppe	Kommuni-zierende	Mögliche Ziele	Besondere Schwierigkeiten
Aktuelles Klientel der Einrichtung	Professionelle → Adressat*innen	• Information über Veranstaltungen • Beziehungspflege • Beziehungsaufbau • Partizipation • Beratung • Aufrechterhaltung des Lebensweltbezuges	• Entgrenzung der Arbeitszeit • Datenschutz/ Medienwirkung • Missverständnisse • Vermischung privater und beruflicher Kommunikation
(Mögliches) Zukünftiges Klientel der Einrichtung	Professionelle → Adressat*innen	• Imagearbeit • Information • Kontaktaufnahme ermöglichen • Abbau von Hemmschwellen	• Erreichbarkeit der Zielgruppe • Zielgruppengerechte Aufbereitung der Information • Datenschutz/ Medienwirkung
Angehörige von Betroffenen	Professionelle → Adressat*innen	• Information • Imagepflege • Kontaktaufnahme ermöglichen • Abbau von Hemmschwellen	• Erreichbarkeit der Zielgruppe • Zielgruppengerechte Aufbereitung der Information • Datenschutz/ Medienwirkung

Zielgruppe	Kommuni-zierende	Mögliche Ziele	Besondere Schwierigkeiten
Breite oder Teilöffent-lichkeit	Organisation → Bürger*innen	• Lobbyarbeit • Sicherung der Finanzierung durch Aufmerksamkeit • Politische Einflussnahme • Fundraising • Prävention durch Information • Vorurteile abbauen	• Datenschutz • Ständige Pflege der Inhalte nötig • Shitstorm oder Hatespeech • Erreichbarkeit der Zielgruppe • Zielgruppen-gerechte Aufbereitung der Informationen • Privat von Mitarbeiter*innen verbreitete Informationen
Bestimmte Teilöffent-lichkeit	Professionelle ←→ Professio-nelle	• Netzwerke aufbauen	• Datenschutz • Angriffsfläche bieten • Missverständnisse

Abbildung 37: Soziale Arbeit und soziale Medien nach Beranek[222]

Insgesamt gab mehr als ein Drittel (35,6 %) an, mit ihrer Organisation nicht auf sozialen Medien vertreten zu sein. Wagner beschreibt in seinem Beitrag „Soziale Medien: Brücke in die digitale Welt von Stakeholdern und Klienten?" vier wesentliche Gründe dafür, was Organisationen daran zweifeln lässt, sich auf Online-Plattformen zu präsentieren:[223]

- Die Angst vor Transparenz und die damit einhergehende Frage, ob nun jede Entscheidung, Veränderung im Angebot oder anderen Prozesse eine Diskussion herbeiführt und sich in diesem Zusammenhang der Druck zur Rechtfertigung nochmals verstärkt.

[222] Beranek (2020), S. 429
[223] Wagner (2018), S. 206 f.

- Zudem herrsche eine Angst vor Verantwortungsübernahme und so ergibt sich die Frage: Wer übernimmt die Online-Darstellung und wie viel Handlungsspielraum wird ihm*ihr zugestanden?
- Weiter taucht die Frage nach einer möglichen Veränderung der Organisationsstruktur auf. Durch den orts- und zeitunabhängigen Charakter sollten auch die Kanäle jederzeit beobachtet und mit Inhalten gefüllt werden. Dies würde oftmals eine Veränderung in den Dienstzeiten der Mitarbeitenden bedeuten.
- Letztendlich trägt auch die Angst vor Mehraufwand zum Zögern bei. Jedenfalls muss sich jemand um das Produzieren und Veröffentlichen der Inhalte sowie um das Reagieren auf Beiträge und Nachrichten von Personen kümmern.

Wagner bringt folgenden Vorschlag, welcher die genannten Ängste auflösen soll: Die Betreuung von sozialen Netzwerken sollte von wenigen Mitarbeiter*innen übernommen werden; diese sollten entsprechende Kompetenzen aufweisen.[224] Das gilt vorrangig für das Bespielen der Netzwerke und nicht dem Produzieren der Inhalte. Das Produzieren der Inhalte kann und soll von allen Kolleg*innen unterstützt werden; so wird auch eine möglichst vielfältige Darstellung der Organisation gewährleistet.

5.6 Regelungen für den Umgang mit technischen und digitalen Hilfsmitteln

Technische und digitale Hilfsmittel ermöglichen den Zugang zur digitalen Welt. Zu diesen Hilfsmitteln zählen Geräte wie Laptops, PCs, Smartphones, Wearables und andere Anwendungen des Internets der Dinge, Software, Onlinedienste und -tools – der Einsatz von Hard- und Software in Sozialen Unternehmen ist vielfältig.

Werden Systeme eingeführt und im Kontext der Sozialen Arbeit verwendet, müssen sich Arbeitgeber*innen Gedanken machen, d. h. Regelungen finden, wie und in welchem Umfang diese Systeme durch die Mitarbeiter*innen genutzt werden sollen und dürfen. Darüber hinaus muss geklärt werden, wie die Mitarbeiter*innen zur Nutzung dieser befähigt werden. Der optimale Einsatz von technischen und digitalen Hilfsmitteln kann nur durch eine Einschulung

---

[224] Wagner (2018), S. 207 f.

garantiert werden, die bei Bedarf, etwa bei Veränderungen am System durch ein Update, wiederholt angeboten wird (Learning by doing).

All diese Voraussetzungen münden idealerweise auf organisatorischer Ebene in Regelungen. Beispielweise ist der Faktor Mensch vor dem Hintergrund der DSGVO als Risiko zu betrachten (siehe auch Kapitel 5.7). Für ein professionelles Handeln der Fachkräfte ist somit ein organisatorischer Rahmen notwendig, innerhalb dessen sich die Mitarbeiter*innen bewegen können. Dadurch können professionelle Qualitätsanforderungen an das Handeln der Sozialarbeiter*innen in digitalisierten Kontexten erfüllt werden.[225]

Beispiele für derartige Regelungen sind der Umgang mit dem Diensthandy inkl. Erreichbarkeit, eine Home-Office-Vereinbarung oder die Privatnutzung von digitalen Geräten.

78,3 % der Befragten der in diesem Buch präsentierten Studie gaben an, dass es derartige Regelungen in ihrer Organisation gibt. 12,4 % hingegen verneinen dies. 9,4 %, ein doch sehr hoher Wert, gaben an, nicht zu wissen, ob es in ihrer Organisation Regelungen im Umgang mit technischen und digitalen Hilfsmitteln gibt.

Diejenigen, die mit „Ja" geantwortet haben, wurden zusätzlich gefragt, in welcher Form die Regelungen getroffen werden. Mehrfachnennungen waren möglich. Am häufigsten wird der Umgang mit technischen und digitalen Hilfsmitteln danach in Organisationsrichtlinien, Betriebsvereinbarungen und Arbeitsanweisungen geregelt. Diese stellen neben der Einzelvereinbarung (das Pendant zur Betriebsvereinbarung, wenn es keinen Betriebsrat gibt) die am meisten formalisierten Regelungen dar. Weniger formalisiert sind Schulung und Einschulungsplan, die auch in Summe weniger häufig vorkommen.

[225] Campayo (2020), S. 298

Regelungen	Prozent
Einzelvereinbarung	9,6
Betriebsvereinbarung	36,4
Arbeitsanweisung	39,7
Schulung	22,0
Einschulungsplan	15,8
Organisationsrichtlinie	53,6

Abbildung 38: Regelungen für den Umgang mit technischen und digitalen Hilfsmitteln

Im Zusammenhang mit dem Datenschutz zeigt sich im IT-Report für die Sozialwirtschaft 2019 ein interessantes Bild bezüglich Regelungen: Weil ihnen ihre Organisation keine zeitgemäßen Kommunikationsmittel zur Verfügung stellen, nutzen Mitarbeiter*innen Messenger-Dienste wie WhatsApp und Cloudspeicher wie Dropbox, trotz der bekannten Datenschutzproblematik. 40 % der im IT-Report befragten Organisationen haben Messenger-Dienste wie WhatsApp verboten, 17 % dulden die Nutzung inoffiziell, 17 % erlauben die Nutzung auf Basis einer Richtlinie. Für Cloudspeicher liegen die Verbote bei 53 % die inoffizielle Nutzung bei 20 % und die Nutzung auf Basis einer Richtlinie bei 18 %.[226]

Digitale Teilhabe kann soziale Integration ermöglichen. Campayo meint, dass sich Arbeitgeber*innen Gedanken zu neuen Kommunikations-, Autonomie- und Teilhabemöglichkeiten machen sollten, um fachliche und rechtliche Standards im Kontext von Digitalisierungsentwicklungen sicherzustellen.[227]

Das Vorhandensein solcher Regelwerke kann im Übrigen als Gradmesser für die Digitalisierung in Sozialen Unternehmen angesehen werden.

[226] Wolff/Kreidenweis (2020), S. 37

[227] Campayo (2020), S. 298 f.

5.7 Informationen betreffend Datenschutz und Datensicherheit

Datenschutz ist seit jeher nicht nur aufgrund der berufsrechtlichen Rahmenbedingungen, sondern auch aufgrund des Settings Sozialer Arbeit ein Thema. Der sensible Umgang mit Klient*innendaten ist im Bewusstsein der Sozialarbeiter*innen verankert. Seit 2018 ist die Europäische Datenschutz-Grundverordnung (DSGVO) in Kraft. Sie schafft neue Rahmenbedingungen für den Datenschutz und stellt neue Anforderungen an Soziale Unternehmen und deren Mitarbeiter*innen.[228]

In Erwägungsgrund 6 des DSGVO heißt es: *„Rasche technologische Entwicklungen und die Globalisierung haben den Datenschutz vor neue Herausforderungen gestellt. Das Ausmaß der Erhebung und des Austauschs personenbezogener Daten hat eindrucksvoll zugenommen. Die Technik macht es möglich, dass private Unternehmen und Behörden im Rahmen ihrer Tätigkeiten in einem noch nie dagewesenen Umfang auf personenbezogene Daten zurückgreifen. Zunehmend machen auch natürliche Personen Informationen öffentlich weltweit zugänglich. […]"*[229]

Die DSGVO regelt nicht nur die „manuelle" Verarbeitung personenbezogener Daten, beispielsweise handschriftliche Aufzeichnungen oder einzelne Dokumente von Schreibprogrammen, wenn diese in einem Dateisystem abgelegt sind, sondern auch die sogenannte automatisierte Verarbeitung.[230] Diese Daten sollen sicher verarbeitet (erstellt, abgespeichert, verändert, versendet, usw.) werden. Sicher werden diese verarbeitet, wenn geeignete technische und organisatorische Maßnahmen (kurz TOMs) getroffen werden.[231] Diese Maßnahmen sollen ein angemessenes Schutzniveau gewährleisten.[232] Auf den Punkt gebracht: Datensicherheit ist notwendig, um den Datenschutz gewährleisten zu können. Daher ist es wichtig, dass Mitarbeiter*innen nicht nur mit dem Datenschutz umzugehen wissen, sondern Kenntnisse zur Datensicherheit haben.

Sozialen Unternehmen als Arbeitgeber*innen kommt daher die Rolle zu, Mitarbeiter*innen auf dem neuesten Stand betreffend Datenschutz und Datensicherheit zu halten. Zum Zeitpunkt der

228 EU (2016)
229 EU (2016), S. 2
230 EU (2016), S. 3
231 EU (2016), S. 15
232 EU (2016), S. 51 ff.

Erhebung der Daten der in diesem Buch präsentierten Studie war das Thema DSGVO sehr präsent, da das Datum des Inkrafttretens der DSGVO nur rund fünf Monate zurücklag. Weniger erstaunlich daher die Ergebnisse: 86,5 % der Befragten geben an, dass ihr Arbeitgeber dafür sorgt, dass Mitarbeiter*innen auf dem neuesten Stand betreffend Datenschutz und Datensicherheit sind. 5,2 Prozent verneinen dies, 8,2 Prozent wissen dies nicht.

Soziale Unternehmen generieren, verarbeiten und nutzen Daten von Klient*innen. Darüber hinaus können Soziale Unternehmen an automatisierten Assistenzsystemen beteiligt sein[233] (z. B. werden in Deutschland wie auch in Österreich Arbeit suchende Menschen mittels Algorithmen bezüglich einer möglichen Integration in den Arbeitsmarkt bewertet).[234] Die Sorgfalt, bei Datenschutz und Datensicherheit auf dem neuesten Stand zu sein, ist nicht nur aufgrund der rechtlichen Anforderungen wichtig.

Auch im Sinne der digitalen Kompetenzen ist diese Sorgfalt essentiell. Im DigComp-Raster heißt es: *„[...] Informationstechnologie sicher [...] nutzen [...]“.* Darüber hinaus sind im DigComp-Raster weitere Kompetenzfelder zum „Umgang mit Informationen und Daten“ und „Sicherheit sowie Problemlösen und Weiterlernen“ zu finden (siehe Abschnitt 3.2.1).

5.8 Vermittlung digitaler Kompetenzen im Studium

Im D21 Digital Index 2018/2019, einer repräsentativen Studie der Initiative D21 für über 14-Jährige in Deutschland, geht knapp die Hälfte der Berufstätigen davon aus, dass sich die Digitalisierung in naher Zukunft spürbar auf ihren Beruf auswirken wird. Daher sehen mehr als zwei Drittel Studium und Ausbildung in der Pflicht, besser auf die Digitalisierung vorzubereiten.[235] Studierende sind aufgrund ihres Hochschulalltags eher daran gewohnt elektronische Medien zu benutzen. Dies gilt beispielsweise für das An- und Abmelden von Klausuren, der elektronischen Notenübersicht oder etwa für die Benutzung von e-Learning-Plattformen. Dies allein qualifiziert die Studierenden allerdings noch nicht ausreichend für die digitalen Anforderungen ihrer zukünftigen Arbeitsfelder. Im Besonderen muss

233 Reiser (2019)

234 Szigetvari (2018) und Knecht et al. (2018)

235 Initiative D21 (2019), S. 57

grundlegendes Wissen über die Entwicklung und Nutzung neuer Technologien in der Sozialen Arbeit[236] und über relevante digitale Themenstellungen von Klient*innen erworben bzw. geschult werden.

Mehr als die Hälfte der Sozialarbeiter*innen eignete sich digitale Kompetenzen in Ausbildung/Studium an (52,1 %). Auf die Frage, ob digitale Kompetenzen in der Ausbildung vermittelt wurden, gaben jedoch lediglich 6,4 % an, dass dies der Fall gewesen sei. Daraus lässt sich schließen, dass die Studierenden sich die Kompetenzen autodidaktisch oder durch Kolleg*innen angeeignet haben, aber eine direkte Vermittlung durch die Hochschule noch wenig gegeben ist. Es gilt hier diesen Raum des Lernens als Hochschule zu nutzen und gezielt digitale Kompetenzen, welche in der Sozialen Arbeit benötigt werden, an die Studierenden weiterzuvermitteln.

Dies fordert auch eine Arbeitsgruppe von Hochschulprofessoren aus Deutschland, Österreich und der Schweiz in ihrem Positionspapier „Soziale Arbeit und Digitalisierung", das unter https://www.sozialdigital.eu/ veröffentlicht wurde (in Abschnitt 3.1.1 sind diese Thesen abgedruckt). In der siebten These des Positionspapiers fordern die Autor*innen, dass die Soziale Arbeit die Digitalisierung umfassend in ihren Aus- und Weiterbildungsgängen behandelt und mit der Praxis Qualitätsstandards sowie fachlich adäquate Methoden erarbeitet.[237] Dabei soll es nicht nur um die Implementierung digitaler Medien in die einzelnen Arbeitsfelder der Sozialen Arbeit gehen. Gefordert wird auch, sich kritisch mit diesen Medien auseinanderzusetzen, also herauszuarbeiten, welche Vorteile, aber auch Risiken damit einhergehen[238].

Nicht nur Lehrende und Forschende aus dem Hochschulumfeld sehen eine Notwendigkeit an einer Vermittlung von digitalen Kompetenzen in der Sozialarbeitsausbildung, auch die Studierenden selbst möchten sich für die digitalen Anforderungen im Sozialbereich qualifizieren[239]. Diese Aussage wird von den befragten Sozialarbeiter*innen nochmals unterstrichen. Hier sind 86,1 % davon eher oder vollkommen überzeugt, dass digitale Kompetenzen in der Ausbildung vermittelt werden sollten.

---

236 Degenhardt (2018), S. 263 f.
237 Doerk et al. (2019), S. 2
238 Stüwe/Ermel (2019), S. 54
239 Stüwe/Ermel (2019), S. 96 f.

Nun stellt sich die Frage, wie die digitalen Kompetenzen in der Sozialarbeitsausbildung vermittelt werden können. Hierfür gibt es unterschiedliche Ansätze von expliziten Lehrveranstaltungen bis hin zu einer integrativen Einbindung der digitalen Kompetenzen in allen Lehrveranstaltungen des Curriculums.

In Österreich gibt es bislang vier Hochschulen für Soziale Arbeit, die in ihrem Bachelorcurriculum die Digitalisierung der Sozialen Arbeit dezidiert behandeln. Zwei weitere Hochschulen bieten erstmals 2020/2021 ein Wahlfach zu dieser Thematik an. Für die weiteren Hochschulen spielt die Digitalisierung eine wichtige Querschnittsrolle in den unterschiedlichen Lehrveranstaltungen, digitale Kompetenzen werden deshalb integrativ vermittelt. Nicht ausreichend erforscht ist der Umfang der integrativen digitalen Anteile in den einzelnen Lehrveranstaltungen. Gleiches gilt für das Ausmaß der Onlinelehre an den jeweiligen Hochschulen; mit den Social Distancing Vorgaben aufgrund der COVID-19-Pandemie hat nahezu jede Hochschule auf diese Lehrmethode umgestellt, um den Lehrbetrieb aufrechterhalten zu können.

Ein Blick in die Hochschulen:

Die Fachhochschule Johanneum behandelt die digitale Soziale Arbeit explizit in ihrem Bachelorcurriculum. Daher bietet sie im 1. Semester das Fach „Digitale Soziale Arbeit 1/ Dokumentation", im 3. Semester „Digitale Soziale Arbeit 2" und im 6. Semester „Digitale Soziale Arbeit 3" an.[240] Die Lehrveranstaltung „Öffentlichkeitsarbeit/ Medienarbeit" wird im 5. Semester an der Fachhochschule Innsbruck (MCI)[241] unterrichtet und die Fachhochschule Vorarlberg bietet im 1. Semester das Fach „Digitale Transformation" an[242]. Die Fachhochschule Wien bietet ein methodisches Wahlfach mit dem Titel „Digitale Kompetenzen in der professionellen Sozialen Arbeit" jeweils im Wintersemester an, zudem bietet sie laufend Lehrveranstaltungen zu aktuellen Themen der Sozialen Arbeit wie etwa das Seminar „Digitale Jugendarbeit – Jugendarbeit in einer mediatisierten, digital vernetzten Gesellschaft" an. Zudem ist sie bemüht, digitale Inhalte als integrativen Bestandteil in der Berufsfeldlehre (Onlineanteil der Arbeit in unterschiedlichen Bereichen) oder in der Methodenlehre (Onlineberatung, ...) einzubauen. Ein weiteres Beispiel ist hier das

[240] Fachhochschule Joanneum (2019)
[241] MCI Die Unternehmerische Hochschule (2019)
[242] Fachhochschule Vorarlberg (2019)

methodische Wahlfach zur Grundsicherung, welches das Betreute-Konto mithilfe von Onlinetools zum Gegenstand hat. Die Fachhochschule Burgenland hat zwar kein dezidiertes eigenes Fach zur Digitalisierung, versucht jedoch in Lehrveranstaltungen wie etwa „Professionelles Schreiben", „Öffentlichkeitsarbeit", „Kreative Ausdrucksformen in der partizipativen Jugendarbeit" oder „Wissenschaftliches Arbeiten" digitale Kompetenzen zu vermitteln und zu trainieren. Hier werden unter anderem Benutzung von Statistikprogrammen wie MAXQDA oder SPSS und unterschiedliche Dokumentationssysteme in sozialen Organisationen gelernt. Auch das Thema Datenschutz wird thematisiert und die Studierenden lernen den gezielten Einsatz von digitalen Medien (z. B. Video- und Musikschnitt am PC). Außerdem werden Kommunikationskompetenzen in Beratung und Lehre (Onlineberatung, WebEx-Lehre) vermittelt und Fertigkeiten gefestigt. Zusätzlich wird ein Wahlfach mit dem Titel „Digitalisierung in der Sozialen Arbeit" angedacht.

Die Fachhochschule in Linz bietet im 6. Semester ein Wahlfach zu den „Digitalen Lebenswelten von Klient*innen" an. Die Fachhochschule Kärnten hat sich im Zuge der Überarbeitung des Bachelorcurriculums für Soziale Arbeit die Frage gestellt, ob sie explizite Inhalte zur Digitalisierung anbieten oder einen integrativen Ansatz forcieren möchte. Die Entscheidung fiel auf den integrativen Ansatz, da sie die Digitalisierung als gesamtgesellschaftliches Phänomen betrachtet. Dieses Phänomen bringt gleichzeitig auch Herausforderungen für Individuen in ihren alltäglichen Lebenswelten mit sich und verlangt demnach auch nach neu entwickelten Konzepten, Methoden und Theorien. Daher werden die Themen der digitalen Arbeitswelten in helfenden Berufen beinahe in allen Lehrveranstaltungen des Curriculums angedacht. Dadurch kann der jeweilige spezifische Blick der Lehrveranstaltung auf das Thema „Digitalisierung und Soziale Arbeit" – etwa rechtliche Fragestellungen oder Beratung und Kommunikation – behandelt werden.

Auch die Fachhochschule Salzburg verleiht der Digitalisierung im Bachelor Soziale Arbeit eine Querschnittsrolle und versucht die negativen wie auch die positiven Auswirkungen für die Soziale Arbeit inhaltlich in die Lehrveranstaltungen einfließen zu lassen. Zudem finden regelmäßig Tagungen zu dieser Thematik statt, zu welchen die Studierenden mitgenommen werden. Die Fachhochschule begleitet auch in Kombination mit dem Masterstudiengang Soziale Innovation methodische Neuerungen wie etwa die Onlineberatung. An der Fachhochschule Salzburg findet gemeinsam mit anderen Studienrichtungen jährlich der sogenannte Social Hackathon statt.[243] Dieser ist ein Ideengenerierungs-, Bastel- und Programmiermarathon, in dem kluge digitale Lösungen für gesellschaftliche Herausforderungen gesucht werden. So liefern unter anderem angehende Fachkräfte der Sozialen Arbeit das Wissen für soziale Problemstellungen und deren mögliche Lösungen, welche durch Programmierer*innen und Designer*innen umgesetzt werden.

Auch in Deutschland wird die Vermittlung digitaler Kompetenzen im Studium der Sozialen Arbeit zunehmend forciert. Helbig und Roeske führten im Sommer 2018 eine Studie zum fachlichen Handeln mit digitalen Medien und Technologien als Gegenstand von Studium und Weiterbildung in der Sozialen Arbeit durch. Hierfür untersuchten sie Modulhandbücher von 48 Bachelor- und 35 konsekutiven Master-Studiengängen Sozialer Arbeit sowie 12 Weiterbildungskataloge überregionaler Träger der Sozialen Arbeit in Deutschland. Sie identifizierten fünf Hauptkategorien und elf Unterkategorien. Diese werden in der folgenden Übersicht näher ausgeführt sowie mit der jeweiligen Anzahl der Kodierungen dargestellt.[244]

Bezeichnung	**Anzahl der Kodierungen Bachelor**	**Anzahl der Kodierungen Master**	**Anzahl der Kodierungen Weiterbildung**
1 Medienpädagogisches Handeln	**74**	**5**	**22**
(Bezugs-)Theorien der Medienpädagogik	17	2	
Medienpädagogische Methoden und Praxis	49	3	22
Begleitete Umsetzung medienpädagogischer Projekte	8		
2 Digitale Kommunikation zw. Professionellen und Adressat*innen	**21**	**4**	**15**

[243] Fachhochschule Salzburg (2019)

[244] Helbig/Roeske (2020), S. 341

Bezeichnung	Anzahl der Kodierungen Bachelor	Anzahl der Kodierungen Master	Anzahl der Kodierungen Weiterbildung
Mediatisierte Lebenswelten von Adressant*innen	9	4	2
Onlineberatung; Beratung mit digitalen Medien	7		5
Problematische Mediennutzung	5		8
3 Organisationales Medienhandeln	**18**	**3**	**5**
Reflexion der Bedeutung digitaler Medien im organisationalen Handeln	11	1	
Sozialinformatik/ Nutzung von Fachsoftware	7	2	5
4 Digitale Kommunikation zw. Organisationen und Adressat*innen/ Öffentlichkeit	**3**	**3**	**19**
Rechtliche Dimensionen der Mediennutzung			5
Digitale Medien in der Öffentlichkeitsarbeit	3	3	14
5 Bedeutung von Mediatisierungsprozessen	**20**	**9**	
Mediatisierung als Rahmenbedingung Sozialer Arbeit	20	9	

Abbildung 39: Haupt- und Unterkategorien mit Kodierhäufigkeiten

Abschließend kann zusammengefasst werden: Es tut sich was in der Hochschulbildung von Sozialarbeiter*innen, es ist aber noch nicht annähernd genug. Der digitale Wandel schreitet voran und bringt somit neue, mitunter digitale Anforderungen für die Fachkräfte der Sozialen Arbeit mit sich. Nicht nur digitale Kompetenzen, sondern auch das Wissen über Digitalisierung und über digitale Lebenswelten zählen zum Anforderungsprofil der „modernen" Sozialarbeiter*innen.

Demnach liegt es vor allem auch in der Pflicht der Hochschulen, die angehenden Sozialarbeiter*innen auf die digitalen Anforderungen ihrer zukünftigen Arbeit adäquat vorzubereiten. Auch wenn die Studierenden eine Vielzahl an digitalen Kompetenzen sowie digitalem Wissen mitbringen, fehlt vor allem die Verbindung zur Sozialen Arbeit. Besonders das Herstellen und Sensibilisieren der Verbindung zwischen der Digitalisierung und der Sozialen Arbeit könnte ein wesentlicher Auftrag der Hochschulen sein. Wie sich die zentralen Eckpunkte einer Weiterbildung im Bereich „Digitaler Kompetenzen" gestalten könnten, wird im nächsten Kapitel (6.1) dargestellt.

6. Handlungsempfehlungen

6.1 Für Hochschulen

Was könnten die zentralen Eckpunkte einer Weiterbildung im Bereich „Digitaler Kompetenzen" sein, welche durch die Hochschule vermittelt werden? Sicher ist, dass es sich um kein statisches Angebot handeln wird. Der digitale Wandel schreitet voran, so auch die digitalen Anforderungen in der zukünftigen Arbeit von Sozialarbeitsstudierenden. Daher müssen sich die Inhalte der Angebote daran orientieren und sich immer wieder neu weiterentwickeln. Im Folgenden wird näher auf die möglichen Eckpunkte eines Weiterbildungsangebots in der Hochschulausbildung von angehenden Sozialarbeiter*innen eingegangen. Es handelt sich hier jedoch nicht um eine vollständige Aufzählung und noch weniger um einen konkreten Vorschlag für Weiterbildungsangebote – vielmehr sollen Perspektiven und Ideen eröffnet werden, welche ein neues Denken ermöglichen.

Vermittlung von Technikkompetenzen

Degenhardt[245] beschreibt in dem Beitrag „Kompetenzen für eine digitalisierte Arbeitswelt – Anforderungen an Aus- und Weiterbildung", dass digitale Grundlagen wie etwa informatisches Basiswissen und Anwendungskenntnisse meist als gegeben vorausgesetzt werden. Es sei wichtig, dass diese Grundlagen, wenn nötig, gelehrt und dann in einen Zusammenhang mit der Sozialen Arbeit gebracht werden müssen. Auch sollten Studierende lernen, wie sie IT-gestützte Beratungs- oder Betreuungsprozesse sowie Verfahren der Evaluation gestalten und nutzen können.[246] Auch Stüwe und Ermel sind der Ansicht, dass die Technikbildung ein wichtiger Bestandteil des Curriculums sein sollte, welcher sich nicht nur auf eine reine Vermittlung einer instrumentellen Technikkompetenz beschränkt. [247]

Kritisches Bewusstsein entwickeln, Reflexion fördern

Weiter von Bedeutung für Studierende ist, ein kritisches Bewusstsein gegenüber digitaler Kommunikation und Informationen sowie algorithmischen (Entscheidungs-)Systemen zu entwickeln. Hier gilt es insbesondere die individuellen und gesellschaftlichen Auswirkungen

[245] Degenhardt (2018), S. 266
[246] Degenhardt (2018), S. 266
[247] Stüwe/Ermel (2019b), S. 9

mitzudenken[248] und den Einfluss von digitaler Technik auf das professionelle Handeln der Sozialarbeiter*innen zu reflektieren.[249] In diesem Zusammenhang sollten auch die rechtlichen Vorgaben besprochen und mit der täglichen Praxis der Sozialen Arbeit verbunden werden. Den Studierenden soll so ein Raum gegeben werden, in dem sie sich über rechtliche wie auch ethische Fragen eine Meinung bilden können.

Datenschutz verstehen und anwenden können

Spätestens seit der Einführung der Datenschutz-Grundverordnung ist die Aufmerksamkeit für den digitalen Schutz persönlicher Daten gestiegen. Die Datenschutzbestimmungen werden oftmals mit einer Einschränkung der Handlungsmöglichkeiten der Fachkräfte verbunden. Diese These wird durch die Studienergebnisse (Kapitel 3.1.4) unterstrichen. Aus diesem Grund könnte es von Vorteil sein, sich schon als Studierender mit dem Thema „Datenschutz" zu beschäftigen. Hier könnte einerseits ein Grundwissen über die Bestimmungen der Datenschutz-Grundverordnung erworben werden und andererseits könnten Verbindungen zur Praxis hergestellt werden.

Digitale Lebens- und Themenwelten kennenlernen

Die Digitalisierung durchdringt die Lebenswelten aller Menschen, damit verändern sich auch einige Themen- und Fragestellungen, mit welchen die Klient*innen zu den Sozialarbeiter*innen kommen. Auch die befragten Sozialarbeiter*innen der Studie nannten die durch die Digitalisierung entstehenden Themen als Herausforderungen für die Soziale Arbeit. Hier gilt es die Studierenden für mögliche Themen zu sensibilisieren. Es geht nicht darum, die Studierenden auf alle digitalen Themen inhaltlich vorzubereiten, sondern ihnen ein Handwerkszeug zu geben, mit dem sie die Klient*innen bei der Bearbeitung dieser Themen unterstützen können. Hierzu zählen beispielsweise das Wissen über spezifische Beratungsstellen oder hilfreiche Websites.

Neue Formen der Beratung

Mit einem Blick auf die Onlineberatung wird klar, dass die Fachkräfte der Sozialen Arbeit nicht allein aufgrund ihres Berufs für

[248] Ley/Seelmeyer (2018), S. 24
[249] Stüwe/Ermel (2019), S. 9

die Onlineberatung qualifiziert sind. Diese Art von Beratung gilt als niederschwelliges Angebot, welche als Wachstumsbereich in der Beratungslandschaft identifiziert wird.[250] Es gibt nicht nur reine Onlineberatungen, sondern auch Kombinationen aus virtueller und realer Beratung. Diese Beratungsformen wie etwa auch das Blended Counseling[251] benötigen ein fundiertes Wissen, um sie nachhaltig in die Organisation einführen und nutzen zu können. Daher scheint es sinnvoll das Konzept der Onlineberatung vermehrt in der Ausbildung von Sozialarbeiter*innen zu thematisieren.[252]

Kreative Möglichkeiten der Methodenlehre nutzen

Auch die Art und Weise, wie Unterricht stattfindet, kann durch digitale Tools positiv beeinflusst werden. Beispielsweise setzt die Fachhochschule Wien in Lehrveranstaltungen „Virtuelle Hausbesuche" ein, um die Studierenden für das sozialdiagnostische Instrumentarium des Hausbesuchs zu sensibilisieren. Durch ein 360° Video der Wohnung (virtueller Hausbesuch) können die Studierenden in Seminaren ihre Erfahrungen miteinander teilen und so auch ihre eigenen Werte und Normen reflektieren.[253]

6.2 Für Soziale Unternehmen

„arbeit plus – Soziale Unternehmen Österreich" hat zehn Thesen zur Rolle der Sozialen Unternehmen in der digitalen Transformation aufgestellt. Darin enthalten ist in These 6 eine Aussage zu den Lösungen digitaler Inklusion. Diese sind häufig explizit nicht digital, denn oftmals sind analoge Vorschritte notwendig und sinnvoll. Darauffolgend in These 7 die Aufforderung, dass Soziale Unternehmen und die Sozialwirtschaft auch bei ihren eigenen Mitarbeiter*innen ansetzen müssen, digitale Kompetenzen zu vermitteln, Scheu vor der Digitalisierung abzubauen und die Lust an der Digitalisierung zu wecken.

---

[250] Stüwe/Ermel (2019), S. 126 f.

[251] Engel (2019), S. 26

[252] Stüwe/Ermel (2019), S. 127

[253] Atlas der guten Lehre (2019)

Damit endet das Thesenpapier jedoch nicht. Es folgt abschließend in These 10 der Aufruf, Soziale Unternehmen und die Sozialwirtschaft müssen sich aktiv und selbstbewusst in der digitalen Transformation einbringen.[254] Und wer könnte sich besser einmischen, als jene Sozialarbeiter*innen, die vor Ort im Kontakt zu den Klient*innen die Teilhabe an der digitalen Welt mitgestalten?

Veränderung von Geschäftsmodellen

Die Digitalisierung schreitet nicht schrittweise und linear voran. Die Basis bilden schwer zu prognostizierende technologische Innovationen, die innerhalb kurzer Zeiträume nahezu jeden Geschäftsbereich und so gut wie jedes Individuum betreffen. Die auf Verlässlichkeit und Kontinuität ausgerichtete Sozialwirtschaft trifft auf Erneuerung und schnellen Wandel ausgerichtete Digitalisierung: *„Bisherige Stärken der Sozialwirtschaft werden zum Problem."*[255] Die Digitalisierung verlangt nach neuen digitalen Dienstleistungsangeboten, neuen Geschäftsmodellen, die neue Zielgruppen und neue Märkte hervorbringen.[256]

Eine Studie, die den Einfluss der Digitalisierung auf die Arbeit in der Sozialwirtschaft untersucht, kommt in der Dokumentenanalyse zum Schluss, dass die Digitalisierung in den sozialen Diensten nicht alleine eine Frage von neuen Geschäftsmodellen und Angebotskonstellationen ist, sondern dass sich auch die Arbeit der Dienstleiter*innen stark verändert. Mitarbeiter*innen digital fit zu machen (Kompetenzen zu entwickeln) sowie diese in die Gestaltung von Technik als Expert*innen miteinzubeziehen, wird als wichtiger Erfolgsfaktor betrachtet.[257]

Arbeitsformen und Strukturen

Die Digitalisierung Sozialer Unternehmen richtet sich nicht allein auf den Bereich der IT-Infrastruktur, sondern bezieht das gesamte System der Organisation ein. Häufig wird behauptet, Mitarbeiter*innen werden bei Entwicklungen eingebunden. Bei der Entwicklung digitaler Strategien ist die Beteiligung aller Menschen

---

[254] arbeit plus (2019)
[255] Kopf/Schmolze-Krahn (2018), S. 81
[256] Kopf/Schmolze-Krahn (2018), S. 100
[257] Becka et al. (2017), S. 34

in der Organisation notwendig, um der systemischen Vielfältigkeit der Anforderungen zu begegnen.[258] Neue Arbeitsformen kollidieren mit alten Strukturen.[259]

Mitarbeiter*inneneinbindung

Kreidenweis hat in sieben zentralen Handlungsfeldern einen Fahrplan für Soziale Unternehmen in der Digitalisierung aufgestellt.[260] Das Handlungsfeld „Mitarbeiter-Akzeptanz und Mitarbeiter-Qualifizierung" stellt Fragen, die eine Herangehensweise von Sozialen Unternehmen aus dieser Perspektive ermöglichen. Kreidenweis stellt in diesem Zusammenhang auch die Frage nach den digitalen Kompetenzen der Mitarbeiter*innen und ob diese beim Recruiting berücksichtigt werden.

Beschäftigte werden eher selten in die Technikauswahl, -einführung und -evaluierung einbezogen.[261] Fachkräfte der IT und Fachkräfte der Sozialen Arbeit sollten im Sinne der interdisziplinären Zusammenarbeit gemeinsam Programme entwickeln.[262] Das implizite Wissen der Sozialarbeiter*innen für die Programmierung zugänglich zu machen ist eine Herausforderung, für die es eine IT-bezogene Qualifizierung von Sozialarbeiter*innen braucht. Die Ausbildung von Sozialarbeiter*innen müsste folglich dahin gehen.[263]

Praxisbeispiel:

„Digital sicher und erfolgreich arbeiten"[264] nennt sich ein Digitalisierungsprojekt von B7 Arbeit und Leben. Ziel ist, den Mitarbeiter*innen durch die Unterstützung von internen Abläufen durch digitale Tools die Arbeit zu erleichtern und wieder mehr Zeit für die Klient*innenberatung freizuschaufeln. Das Besondere

[258] Epe (2019), S. 13 ff.
[259] Kissel (2018), S. 33
[260] Kreidenweis (2018b), S. 8
[261] Evans (2018), S. 70
[262] Pölzl/Wächter (2019), S. 138
[263] Stüwe/Ermel (2019a), S. 93
[264] B7 (2019)

an diesem 18-monatigen Projekt ist die gezielte Einbindung von Mitarbeiter*innen im gesamten Projektverlauf. Die mitarbeiterorientierte Herangehensweise soll nicht nur zur besseren Akzeptanz des Projektes und den daraus resultierenden Umsetzungsschritten beitragen. Die aktive Einbindung bei der Analyse von Prozessen sowie der Auswahl von Software soll auch die Abbildung der Anforderungen an die Software gewährleisten.

Obwohl einige Ansatzpunkte für die digitale Unterstützung von Prozessen bei B7 bereits bekannt waren, wurden Mitarbeiter*innen mittels drei unterschiedlicher Methoden zu ihrem Arbeitsalltag befragt. Zu Beginn stand eine Mitarbeiter*innenbefragung, die ganz allgemein Handlungsbedarf eruieren sollte. Prozessanalysen sollten Ansatzpunkte für interne Abläufe aufzeigen. Für diese Prozessanalysen kam die Triple-M-Methode[265] zum Einsatz, mit Hilfe derer die Mitarbeiter*innen selbst die internen Prozesse festhielten und Optimierungspotenzial ableiteten. Parallel dazu wurden die Teams in Gruppeninterviews zu ihrer persönlichen Arbeitsorganisation und der klientenbezogenen Dokumentation befragt.

Von der Steuerungsgruppe wurden diese Ergebnisse geclustert und fünf Themenfelder abgeleitet, zu denen Arbeitsgruppen gebildet wurden, die von einem Mitglied der Steuerungsgruppe geleitet werden und sich aus Vertreter*innen der unterschiedlichen Geschäftsfelder zusammensetzten. So entstanden multiprofessionelle Teams, die nicht nur Input liefern, sondern auch bei der Entscheidungsfindung mitwirken konnten. Die fünf Arbeitsgruppen sind: Klientendatenbanken, Arbeitszeit- und Leistungszeiterfassung, Öffentlichkeitsarbeit, Kommunikation und Information sowie Infrastruktur.

Es wurde ein Zielbild entwickelt, das zur Kommunikation mit Mitarbeiter*innen, Mitgliedern des Vereins sowie anderen Interessierten sowie zur Orientierung für die Steuerungsgruppe dient.

255 Mathera/Bauer (2016), S. 63 ff.

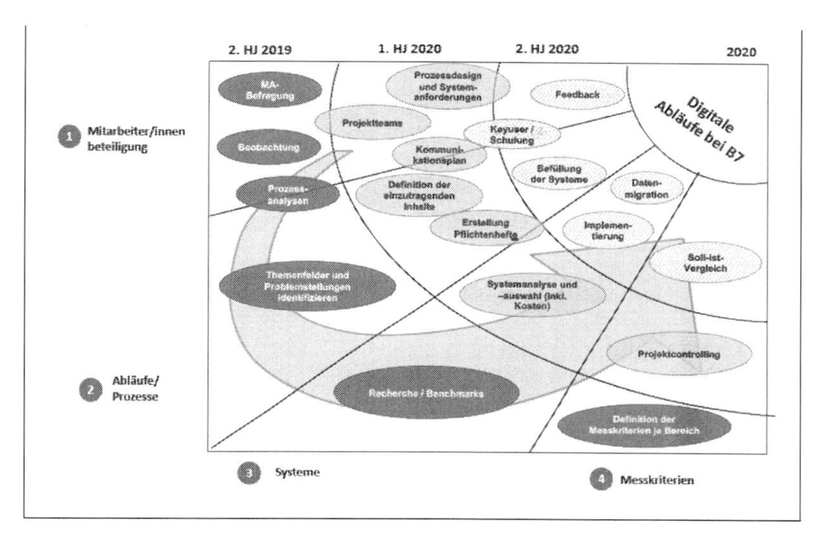

Abbildung 40: Zielbild Digitalisierungsprojekt von B7 Arbeit und Leben

Personalentwicklung

Die Investition in die Entwicklung der „Digital Readiness" der Mitarbeiter*innen aller Hierarchiestufen und aller Arbeitsfelder ist die Investition in die Zukunftsfähigkeit eines Sozialen Unternehmens.[266]

Lernen geschieht auf vielfältige Art und Weise. Ob in klassischen Seminaren, Workshops oder Lehrgängen – digitale Kompetenz wird durch einfaches Tun erworben. In Sozialen Unternehmen kann dieses Tun in Lernräumen stattfinden. Was vor der COVID-19-Pandemie vielerorts undenkbar war, wurde schlagartig umgesetzt: Teambesprechungen mittels Videokonferenzen. Plötzlich war die notwendige Durchführung nicht mehr möglich und alle Mitarbeiter*innen nahmen teil. Die Hochschullehre fand plötzlich rein virtuell statt, was speziell in Fächern mit vielen Reflexionsschleifen und kreativen Schaffensprozessen zuvor als äußert schwierig bis gänzlich unmöglich abgestempelt wurde (man wird sehen, ob die digitale Umsetzung dessen denselben Output bringen wie Präsenzseminare). Klient*innen wurde geholfen, auf dem vorhandenen Smartphone

[266] Kopf/Schmolze-Krahn (2018), S. 86

Apps zu installieren, über die mit den Sozialarbeiter*innen Kontakt gehalten werden konnte. In Gesprächen mit IT-Verantwortlichen und Führungskräften während der COVID-19-Krise wurde deutlich, dass die sehr rasche Umsetzung zu weit weniger Problemen aufgrund mangelnder digitaler Kompetenz geführt hat, als man zuvor hätte annehmen müssen.

Auf den nun gemachten Erfahrungen sollte aufgebaut und gezielt kleine digitale „Lernhäppchen" angeboten werden. Etabliert hat sich dabei auch ein digitales Format, das in 90 Minuten ein Thema der Digitalisierung aufgreift und in Videokonferenzen mit Teilnehmer*innen quer durch die Organisation abgehalten wird. Inhalte, die während der COVID-19-Krise angeboten wurden, waren z. B. Home-Office sinnvoll gestalten, Online-Inhalte aufbereiten oder Gruppenmoderation in Videokonferenzen.[267] Frei zugängliche Seminare und MOOCs[268] gibt es zu nahezu allen digitalen Themen. Aus Sicht des Sozialen Unternehmens ist es sinnvoll, diese gezielt Mitarbeiter*innen zu empfehlen bzw. zu organisieren, damit auch jene davon profitieren, deren digitale Selbstwirksamkeit nicht so stark ausgeprägt ist.

Als Grundlage für die Entwicklung digitaler Kompetenzen gelten die Anforderungen an die Stelle oder Funktion in einer Organisation. Welche Tätigkeiten werden (digital) durchgeführt und welche Kompetenzen sind dafür notwendig? Viele Soziale Unternehmen können diese Fragen nicht ad-hoc beantworten und führen deshalb bei Stellenausschreibungen auch keine digitalen Kompetenzen als Voraussetzung an (siehe auch Kapitel 5.4).[269]

---

[267] Dies waren die Seminarangebote, die B7 Arbeit und Leben ihren Mitarbeiter*innen anbot.

[268] Massive Open Online Course, also Onlinekurse, die auf Zugangs- und Zulassungsbeschränkungen verzichten und damit eine sehr große Teilnehmerzahl erreichen können.

[269] Beispielhaft sei hier die Operationalisierung des DigComp-Rasters im Rahmen des Social(i)Makers-Projektes genannt, welches **arbeit plus,** das unabhängige österreichische Netzwerk Sozialer Unternehmen im arbeitsmarktpolitischen Bereich, gemeinsam mit dem Zentrum für Soziale Innovation implementiert. Nähere Infos zum Projekt unter https://arbeitplus.at/blog/2020/04/15/arbeit-plus-diginclusion-hub/

Rahmenbedingungen schaffen

Wenn sich ein soziales Unternehmen dafür entscheidet, digitale Angebote für Klient*innen setzen zu wollen, braucht es Rahmenbedingungen, die dies ermöglichen. Dies beinhaltet sowohl Endgeräte, IT-Administrator*innen oder andere Ansprechpersonen für technische Fragen der Mitarbeiter*innen als auch das Schaffen und Budgetieren einer adäquaten Infrastruktur.

Will ein soziales Unternehmen beispielsweise Onlineberatung anbieten, so muss dieses die datenschutzrechtlichen wie sicherheitstechnischen Voraussetzungen treffen, um die Vertraulichkeit der Beratung gewährleisten zu können.[270]

[270] Reindl (2018), S. 103

7. Tipps für die Praxis

7.1 Öffnen Sie Ihre Augen und tun Sie, was Sie gelernt haben!

Beobachten Sie und üben Sie sich in professioneller Urteilsbildung! Fakt ist: Die Digitalisierung ist präsent, wir können sie täglich bei unseren Mitmenschen beobachten. Mit dem Smartphone in der Hand überqueren Mensch Straßen und kommunizieren dabei mit ihren Mitmenschen. Haben Sie vor dem Smartphone mit den neben Ihnen gehenden Menschen an der Ampel aus heiterem Himmel Gespräche begonnen? Wir nicht – aber jetzt kommunizieren wir in dieser Zeit. Sie haben im Studium gelernt zu beobachten und sich professionell Ihr Urteil zu bilden. Sie haben nicht jede Situation für den Ernstfall geprobt, aber gelernt, grundlegende Fähigkeiten auf neue Situationen zu übertragen. Dies können Sie auch für die Digitalisierung nutzen!

7.2 Bringen Sie Diskussionen zur Digitalisierung auf die Sachebene!

Es geht in der beruflichen Praxis schon lange nicht mehr um die philosophische Frage, ob sich die Digitalisierung (auch) auf die Soziale Arbeit auswirken wird. Versuchen Sie daher Diskussionen mit Ihren Kolleg*innen handlungsorientiert zu führen: „Kennst du schon diese Internetseite, die einem von Beginn an erklärt, wie man ein Smartphone nutzen kann?" (Natürlich sollten Sie dann so eine Seite kennen.)

In wissenschaftlichen Kreisen wird gerne die Aussage hinterfragt, wonach Digitalisierung ein Querschnittsthema sei. Das Argument dabei ist, dass man zuallererst definieren sollte, was ein Querschnittsthema in der Sozialen Arbeit ausmacht. Wir empfehlen Ihnen: Lesen Sie dazu das Kapitel 4.1.

Die Digitalisierung können wir nicht wegdiskutieren oder verhindern, aber wir können ihr reflektiert und kritisch begegnen – im Sinne unserer Klient*innen und der Ethik unserer Profession. Wer sich gegen die Digitalisierung verwehrt, nimmt in Kauf weniger hilfreich für die Klient*innen zu sein, als er/sie sein könnte, wenn er über Risiken, Gefahren, Diskriminierung, Chancen und/oder Hilfestellungen in der digitalen Welt Bescheid wüsste. Und wie schon Francis Bacon wusste: „Wissen ist Macht" – dies sollte Sozialarbeiter*innen sagen, dass bloßes Digitalisierungs-Bashing zu wenig ist, um sachlich und lösungsorientiert Sachverhalte zu besprechen.

7.3 Digitalisierung als Kulturtechnik

„Digitale Kompetenz ist eine Kulturtechnik. Lesen, Schreiben, Rechnen, mit digitalen Geräten umgehen können."[271] Dieser Satz eröffnet sehr schön, was es im Umgang mit der digitalen Welt braucht: Eine Selbstverständlichkeit zu akzeptieren, dass es für die digitale Welt grundlegende Kompetenzen braucht, welche Sozialarbeiter*innen in Studium und Ausbildung professionalisieren können.

7.4 Es gibt digitale Lebenswelten

Beziehen Sie die digitale Lebenswelt Ihrer Klient*innen in Ihren Arbeitsprozess mit ein. Die digitale Lebenswelt kann sich von der analogen unterscheiden und sowohl Ressource als auch Problem darstellen. Vergessen Sie beim empathischen Verstehen von Klient*innen nicht auf diese immer wichtiger werdende Facette zu achten.

7.5 Digitale Selbstwirksamkeit fördern

Die digitale Selbstwirksamkeit hilft Menschen dabei, mit der Digitalisierung Schritt zu halten. So auch Sozialarbeiter*innen. Das heißt jedoch nicht, dass jemand von Beginn an hoch professionell mit digitalen Tools oder digitalen Themen umgehen können muss. Viel mehr bedeutet es, sich neugierig darauf einzulassen mit dem Zutrauen „Ich kann das schaffen! Ich kann das lernen!". So wie auch Eltern und/oder Lehrer*innen durch die Allgegenwärtigkeit des Internets und somit des grenzenlos scheinenden Wissens eine neue Haltung ihren Kindern/Schüler*innen gegenüber entwickeln mussten, sollten das im Bezug auf die Digitalisierung vielleicht auch Sozialarbeiter*innen tun. Durch den Diskurs über digitale Medien,

[271] Originalzitat Alois Pölzl, 15.1.2020 Vorsitzender des Berufsverbandes der Sozialen Arbeit

Tools, Computerspiele, etc. können sich neue Formen der Beziehungsgestaltung ergeben. Durch gemeinsames Lernen, gemeinsames Herausfinden, das zur Verfügung stehen als Modell „Wie kann ich Neues lernen?" und „Wie kann ich Frustration aushalten?" und „Mit welcher Einstellung gehe ich auf Neues zu?" können wir Prozesse bei Klient*innen in Gang bringen.

Literatur-/Quellenverzeichnis

ADM Arbeitskreis Deutscher Markt- und Sozialforschungsinstitute e.V. (2014): Stichproben-Verfahren in der Umfrageforschung. Eine Darstellung für die Praxis; Wiesbaden: Springer VS

Algorithm Watch (2019): Atlas der Automatisierung; abgerufen am 19.11.2019 von https://algorithmwatch.org/publication/atlas-der-automatisierung/

Atlas der guten Lehre (2019): Virtueller Hausbesuch; abgerufen am 21.01.2020 von http://www.gutelehre.at/lehre-detail/?tx_bmwfwlehre_pi1%5Bproject%5D=977&tx_bmwfwlehre_pi1%5Bcontroller%5D=Project&tx_bmwfwlehre_pi1%5Baction%5D=detail&cHash=0217b09c7d238d516a3d76365b678705

Amthor, Ralph-Christian (Hrsg.) (2008): Soziale Berufe im Wandel. Vergangenheit, Gegenwart und Zukunft Sozialer Arbeit; Baltmannsweiler: Schneider Verlag Hohengehren

arbeit plus (2019): #diginclusion – Zur Rolle der Sozialen Unternehmen in der digitalen Transformation; abgerufen am 2.1.2020 von http://diginclusion.at/10-thesen/

arbeit plus (2019a): Projektinfos; abgerufen am 2.1.2020 von http://diginclusion.at/ueber-das-projekt/

arbeit plus (2019b): Algorithmen und das AMS Arbeitsmarkt-Chancen-Modell – Zum Einsatz automatisierter Entscheidungs- und Profiling-systeme im arbeitsmarktpolitischen Bereich. Eine Positionierung von arbeit plus; abgerufen am 5.5.2020 von https://arbeitplus.at/wordpress/wp-content/uploads/2019/07/2019-07_Position-Algorithmus-und-Segmentierung.pdf

Becka, Denise et al. (2017): Digitalisierung in der sozialen Dienstleistungsarbeit – Stand, Perspektiven und Herausforderungen; FGW – Forschungsinsitut für gesellschaftliche Weiterentwicklung e.V., Düsseldorf; abgerufen am 2.1.2020 von https://www.fgw-nrw.de/fileadmin/user_upload/FGW-Studie-I40-05-Hilbert-komplett-web.pdf

Bendel, Oliver (o. J.): Netiquette; Artikel auf Gabler Wirtschaftslexikon; abgerufen am 05.02.2020 von https://wirtschaftslexikon.gabler.de/definition/netiquette-53879

Beranek, Angelika et al. (2018): Einführung: Big Data, Facebook, Twitter & Co. Soziale Arbeit und digitale Transformation; In: *Hammerschmidt,*

Peter/ Sagebie, Juliane/ Hill, Burkhard/ Beranek, Angelika (Hrsg.): Big Data, Facebook, Twitter & Co. und Soziale Arbeit; Weinheim Basel: Beltz Juventa

Beranek, Angelika (2020): Veränderte Lebenswelten im Zuge gesellschaftlicher Digitalisierungsprozesse. In: Kutscher, Nadia/ Ley, Thomas/ Seelmeyer,Udo/ Siller, Friederike/ Tillmann, Angela/ Zorn, Isabel (Hrsg.): *Handbuch. Soziale Arbeit und Digitalisierung;* Weinheim Basel: Beltz Juventa

Bundeskanzleramt (2020): Aus Verantwortung für Österreich – Regierungsprogramm 2020 – 2024; abgerufen am 1.6.2020 von https://www.bundeskanzleramt.gv.at/bundeskanzleramt/die-bundesregierung/regierungsdokumente.html

Brynjolfsson, Erik/ McAfee, Andrew (2014): The Second Machine Age: Wie die nächste digitale Revolution unser aller Leben verändern wird; Kulmbach: Börsenmedien AG

Bonin, Holger (2015): Kurzexpertise Nr. 57: Übertragung der Studie von Frey/Osborne (2013) auf Deutschland; Bundesministerium für Arbeit und Soziales, Mannheim; abgerufen am 2.1.2020 von ftp.zew.de › pub › zew-docs › gutachten › Kurzexpertise_BMAS_ZEW2015

Bundesministerium für Digitalisierung und Wirtschaftsstandort (2018): Digitales Kompetenzmodell für Österreich DigComp 2.2 AT; abgerufen am 13.9.2019 von https://www.bmdw.gv.at/Themen/Digitalisierung/Gesellschaft/Digitale-Kompetenz_Arbeitsmarkt.html

Bundesministerium für Arbeit und Soziales (2016): Monitor Digitalisierung am Arbeitsplatz – Aktuelle Ergebnisse einer Betriebs- und Beschäftigtenbefragung; abgerufen am 2.1.2020 von https://www.bmas.de/DE/Service/Medien/Publikationen/a875-monitor-digitalisierung-am-arbeitsplatz.html

B7 Arbeit und Leben (2019): Digitalisierung bei B7: Die große Reise; SIEBEN INFO – Das Magazin für Arbeits- und Lebensfragen in schwierigen Situationen; Ausgabe 114, September 2019; abgerufen am 1. Mai 2020 von https://www.arbeit-b7.at/wp-content/uploads/2019/07/B7_siebeninfo_Nr114_V5_RZ_WEB.pdf

Campayo, Salvador (2020): Professionelles Handeln mit Blick auf Digitalisierung. In: Kutscher/Nadia, Ley/Thomas, Seelmeyer/Udo, Siller/Friederike, Tillmann/Angela, Zorn/Isabel (Hrsg.): *Handbuch. Soziale Arbeit und Digitalisierung;* Weinheim Basel: Beltz Juventa

Dengler, Katharina/Matthes, Britta (2015): Folgen der Digitalisierung für die Arbeitswelt – Sustituierbarkeitspotenziale von Berufen in Deutschland; Institut für Arbeitsmarkt- und Bildungsforschung; abgerufen am 20.1.2020 von http://doku.iab.de/forschungsbericht/2015/fb1115.pdf

Degenhardt, Silke (2018): Kompetenzen für eine digitalisierte Arbeitswelt; In: *Kreidenweis, Helmut (Hrsg.): Digitaler Wandel in der Sozialwirtschaft – Grundlagen – Strategien – Praxis;* Baden-Baden: Nomos

Deutscher Caritasverband (o. J.): Social Media Guidelines der Caritas; abgerufen am 18.1.2020 von https://www.caritas.de/diecaritas/deutschercaritasverband/mitarbeitende/caritaswebfamilie/social-media-leitlinien

Doerk, M. et al. (2019): Positionspapier: Soziale Arbeit und Digitalisierung; abgerufen am 24.11.2019 von https://sozialdigital.eu/wp-content/uploads/2019/09/Soziale-Arbeit_undDigitalisierung.pdf

Ebermann, Erwin (2010): Grundlagen statistischer Auswertungsverfahren; abgerufen am 29.2.2020 von https://www.univie.ac.at/ksa/elearning/cp/quantitative/quantitative-22.html

Engel, Frank (2019): Beratung unter Onlinebedingungen; In: Rietmann, Stephan et al. (Hrsg.): Beratung und Digitalisierung. Zwischen Euphorie und Skepsis; Wiesbaden: Springer VS

Epe, Hendrick (2019): „Culture eats strategy for breakfast" – Über die richtige Strategie der Digitalisierung; In: Sozialwirtschaft: Zeitschrift für Führungskräfte in sozialen Unternehmungen; Nr. 1/2019, S. 12–14

Ernst Andreas (Hrsg): Zukunft der Arbeit in Industrie 4.0; Berlin Heidelberg: Springer Verlag

EU (2016): Datenschutz-Grundverordnung – DSGVO; Amtsblatt der Europäischen Union, Verordnung (EU) 2016/679 des Europäischen Parlaments und des Rates vom 27. April 2016 zum Schutz natürlicher Personen bei der Verarbeitung personenbezogener Daten, zum freien Datenverkehr und zur Aufhebung der Richtlinie 95/46/EG; abgerufen am 20.1.2020 von http://data.europa.eu/eli/reg/2016/679/oj

EU (2018): Digitale Kompetenz; abgerufen am 17.10.2018 von https://europass.cedefop.europa.eu/de/resources/digital-competences

Europäische Kommission (2019): eGovernment Benchmark 2019: trust in government is increasingly important for people; abgerufen am 19.11.2019

von https://ec.europa.eu/digital-single-market/en/news/egovernment-benchmark-2019-trust-government-increasingly-important-people

Evans, Michaela (2018): Wozu Digitalisierung in der sozialen Dienstleistungsarbeit? In: TUP – Theorie und Praxis der Sozialen Arbeit, Sonderband, Ausgabe 1, S. 66–74

Fachhochschule Joanneum (2019): Department Bauen, Energie & Gesellschaft. Soziale Arbeit. Im Studium. Studienplan; abgerufen am 18.1.2020 von https://www.fh-joanneum.at/soziale-arbeit/bachelor/im-studium/studienplan/

Fachhochschule Salzburg (2019): Social Hackathon: „Digital Innovation Improving Society"; abgerufen am 21.1.2020 von https://www.fh-salzburg.ac.at/ueber-uns/aktuelles/news/details/social-hackathon-digital-innovation-improving-society/

Fachhochschule Vorarlberg (2019): Studienplan. Soziale Arbeit Vollzeit BA; Abgerufen am 19.01.2020 von https://www.fhv.at/studium/soziales-gesundheit/bachelorstudiengaenge-soziales/soziale-arbeit-vollzeit-ba/studienplan/

Frey, Carl Benedikt/Osborne, Michael A. (2013): The Future of Employment: How susceptible are jobs to computerisation?; abgerufen am 2.1.2020 von: https://www.oxfordmartin.ox.ac.uk/downloads/academic/The_Future_of_Employment.pdf

Gläß, Reiner/Leukert, Bernd (2017): Handel 4.0. Die Digitalisierung des Handels – Strategien, Technologien, Transformation; Berlin Heidelberg: Springer Gabler

Graßhoff, Gunter (2015): Adressatinnen und Adressaten der Sozialen Arbeit. Eine Einführung; Wiesbaden: Springer VS

Jensen, Rainer (2018): WHO erklärt Computerspielsucht offiziell zur Krankheit; Artikel auf heise online vom 14.6.2018; abgerufen am 10.10.2019 von https://www.heise.de/newsticker/meldung/WHO-erklaert-Computerspielsucht-offiziell-zur-Krankheit-4078524.html

Hagemann, Tim (2017): Informationen, Daten, Wissen – Die Digitalisierung verändert Alltag und Beruf; In: Blätter der Wohlfahrtspflege, Nr. 5/2017, S. 166–168

Halfar, Bernd (2018): Internet der Dinge: Die Sendung ohne Mouse; In: Kreidenweis, Helmut (Hrsg.): Digitaler Wandel in der Sozialwirtschaft – Grundlagen – Strategien – Praxis; Baden-Baden: Nomos

Hartmann, Ernst Andreas (2015): Arbeitsgestaltung für Industrie 4.0 – Alte Wahrheiten, neue Herausforderungen; In: Botthof, Alfons/Hartmann

Helbig, Christian/ Roeske, Adrian (2020): Digitalisierung in Studium und Weiterbildung der Sozialen Arbeit. In: Kutscher/Nadia, Ley/Thomas, Seelmeyer/Udo, Siller/Friederike, Tillmann/Angela, Zorn/Isabel (Hrsg.): *Handbuch. Soziale Arbeit und Digitalisierung;* Weinheim Basel: Beltz Juventa

Hoenig, Ragna/ Kuleßa, Peter (2018): Mehr als Algorithmen. Digitalisierung in Gesellschaft und Soziale Arbeit; In: TUP – Theorie und Praxis der Sozialen Arbeit, Sonderband, Ausgabe 1, S. 4–8

Initiative D21 (2017): Denkimpulse Digitale Ethik: Grundlagen der digitalen Ethik – Eine normative Orientierung in der vernetzten Welt, Horn Nikolai und Müller Lena-Sophie; abgerufen am 1.6.2020 von https://initiatived21.de/app/uploads/2017/08/01_denkimpulse_ag-ethik_grundlagen-der-digitalen-ethik.pdf

Initiative D21 (2019): D21 Digital Index 2018/2019. Jährliches Lagebild zur Digitalen Gesellschaft; abgerufen am 10.1.2020 von: https://initiatived21.de/publikationen/d21-digital-index-2018-2019/

Kissel, Klaus (2018): Wie Organisationen beweglicher werden; In: Sozialwirtschaft: Zeitschrift für Führungskräfte in sozialen Unternehmungen *Nr. 1/2018, S. 32–33*

Klicksafe (o. J. a): Cyber-Grooming; abgerufen am 30.1.2020 von: https://www.klicksafe.de/themen/kommunizieren/cyber-grooming/

Klicksafe (o. J. b): Sexting – worum geht's?; abgerufen am 30.1.2020 von: https://www.klicksafe.de/themen/problematische-inhalte/sexting/sexting-worum-gehts/

Klicksafe (o. J. c): Abzocke im Internet; abgerufen am 31.1.2020 von: https://www.klicksafe.de/themen/einkaufen-im-netz/abzocke-im-internet/

Klicksafe (o. J. d): Wer bin ich? Die schwierige Frage nach der eigenen Identität; abgerufen am 31.1.2020 von: https://www.klicksafe.de/themen/medienethik/mediale-frauen-und-maennerbilder/wer-bin-ich-die-schwierige-frage-nach-der-eigenen-identitaet/

Klicksafe (o. J. e): Fake News; abgerufen am 31.1.2020 von: https://www.klicksafe.de/themen/problematische-inhalte/fake-news/

Knecht, Alban et al. (2018): Achtung beim AMS. Was die automatisierte Zuteilung zu arbeitsmarktpolitischen Maßnahmen für die Gerechtigkeit und die Anerkennung von arbeitslosen Menschen bedeutet; In: *Die Armutskonferenz: Achtung. Abwertung hat System;* Wien: Verlag des Österreichischen Gewerkschaftsbundes GesmbH

Kollmann, Tobias/ Schmidt, Holger (2016): Deutschland 4.0. Wie die Digitale Transformation gelingt. Wiesbaden: Springer Fachmedien

Kopf, Hartmut/ Schmolze-Krahn, Raimund (2018): Zwischen Tradition und Digitalisierung – Unternehmenskulturen sozialer Organisation im Wandel; In: Kreidenweis, Helmut (Hrsg.): Digitaler Wandel in der Sozialwirtschaft – Grundlagen – Strategien – Praxis; Baden-Baden: Nomos

Krause, Alexandra (2016): Soziale Arbeit im Zeichen der Digitalisierung; In: Nachrichtendienst des deutschen Vereins für öffentliche und private Fürsorge; Nr. 10/2016, S. 445–449

Kreidenweis, Helmut (2018a): Sozialwirtschaft im digitalen Wandel; In: Kreidenweis, Helmut (Hrsg.): Digitaler Wandel in der Sozialwirtschaft – Grundlagen – Strategien – Praxis; Baden-Baden: Nomos

Kreidenweis, Helmut (2018b): Fahrplan für den digitalen Wandel; In: Sozialwirtschaft: Zeitschrift für Führungskräfte in sozialen Unternehmungen; Nr. 6/2018, S. 7–9

Kreidenweis, Helmut (2018c): Digitalisierung. socialnet Lexikon; Artikel auf soicalnet; abgerufen am 5.2.2020 von https://www.socialnet.de/lexikon/Digitalisierung

Kunze, Christophe (2018): Technische Assistenzsysteme in der Sozialwirtschaft – aus der Forschung in die digitale Praxis?; In: Kreidenweis, Helmut (Hrsg.): Digitaler Wandel in der Sozialwirtschaft – Grundlagen – Strategien – Praxis; Baden-Baden: Nomos

Kutscher, Nadia et al. (2014): Mediatisierte Lebens- und Arbeitswelten – Herausforderungen der Sozialen Arbeit durch Digitalisierung; In: Blätter der Wohlfahrtspflege, Nr. 3/2014, S. 87–90

Kutscher, Nadia et al. (2015): Mediatisierung (in) der Sozialen Arbeit; In: Kutscher, Nadia et al. (Hrsg.): Mediatisierung (in) der Sozialen Arbeit; Baltmannsweiler: Schneider Verlag Hohengehren

Kutscher, Nadia/Seelmeyer, Udo (2017): Mediatisierte Praktiken in der Sozialen Arbeit; In: Hoffman, Dagmar et al. (Hrsg.): Mediatisierung und

Mediensozialisation – Prozesse, Räume, Praktiken; Springer Fachmedien Wiesbaden

Kutscher, Nadia (2018): Soziale Arbeit und Digitalisierung; In: Otto, Hans-Uwe et al. (Hrsg.): Handbuch Soziale Arbeit. Grundlagen der Sozialarbeit und Sozialpädagogik, 6. Aufl.; München: Ernst Reinhart Verlag

Kutscher, Nadia (2019): Algorithmen und ihre Implikationen für Soziale Arbeit; In: Sozialmagazin, Ausgabe 3/2019, S. 26–35

Kutscher, Nadia (2019a): Digitalisierung der Sozialen Arbeit; In: Rietmann, Stephan et al. (Hrsg.): Beratung und Digitalisierung. Zwischen Euphorie und Skepsis; Wiesbaden: Springer VS

Kutscher, Nadia (2020): Ethische Fragen Sozialer Arbeit im Kontext von Digitalisierung. In: Kutscher/Nadia, Ley/Thomas, Seelmeyer/Udo, Siller/Friederike, Tillmann/Angela, Zorn/Isabel (Hrsg.): *Handbuch. Soziale Arbeit und Digitalisierung;* Weinheim Basel: Beltz Juventa

Leinweber, Volker/ Kochta, Tobias (2017): Digitalisierung als Rahmenbedingungen für Wachstum; Vereinigung der Bayerischen Wirtschaft e.V. Prognose AG (Hrsg.)

Ley, Thomas/ Seelmeyer, Udo (2018): Der Wert der Sozialen Arbeit in der digitalen Gesellschaft; In: Sozial Extra; Nr. 4/2018, S. 23–25

Mathera, Wolfgang/ Bauer, Gerhard (2016): Business Process Management – Triple M; In: Roithmayr, Friedrich et al. (Hrsg.): Veränderungs- und Prozessmanagement mit Soft Systems Methodology und Triple M; Linz: Trauner Verlag

MCI Die Unternehmerische Hochschule (2019): Bachelor Soziale Arbeit. Studienplan. abgerufen am 19.1.2020 von https://www.mci.edu/de/studium/bachelor/soziale-arbeit

Medienpädagogischer Forschungsverbund Südwest mpfs (2018): JIM-Studie 2018 – Jugend, Information Medien, Basisuntersuchung zum Medienumgang 12- bis 19-jähriger; abgerufen am 10.1.2020 von https://www.mpfs.de/studien/jim-studie/2018/

Merchel, Joachim/ Tenhaken, Wolfgang (2015): Dokumentation pädagogischer Prozesse in der Sozialen Arbeit: Nutzen durch digitalisierte Verfahren; In: Kutscher, Nadia et al. (Hrsg.): Mediatisierung (in) der Sozialen Arbeit; Baltmannsweiler: Schneider Verlag Hohengehren

Müller, Kai (2013): Spielwiese Internet. Sucht ohne Suchtmittel; Berlin Heidelberg: Springer Spektrum

Nagl, Wolfgang et al. (2017): Digitalisierung der Arbeit: Substituierbarkeit von Berufen im Zuge der Automatisierung durch Industrie 4.0; Institut für Höhere Studien: Wien; abgerufen am 2.1.2020 von: https://www.ihs.ac.at/fileadmin/public/2016_Files/Documents/20170412_IHS-Bericht_2017_Digitalisierung_Endbericht.pdf

Nassehi, Armin (2019): Muster: Theorie der digitalen Gesellschaft; München: C.H. Beck

North, Klaus (2016): Wissensorientierte Unternehmensführung – Wissensmanagement gestalten; 6. Aufl., Wiesbaden: Springer Gabler

Pohselt, Daniel (2019): Telemedizinische Assistenzsysteme – Wie der Senior länger sein eigener Chef bleibt; Artikel vom 30. März 2019; Die Presse: Wien

Pölzl, Alois/Wächter, Bettina (2019): Digitale (R)Evolution in Sozialen Unternehmen – Praxis-Kompass für Sozialmanagement und Soziale Arbeit; Regensburg: Walhalla Fachverlag

Probst et al. (2012): Wissen managen – Wie Unternehmen ihre wertvollste Ressource optimal nutzen; 7. Aufl., Wiesbaden: Springer Gabler

Reinecke, Jost (2019): Grundlagen der standardisierten Befragung; In: Baur, Nina und Blasius, Jörg (Hrsg.): Handbuch Methoden der empirischen Sozialforschung; Springer Fachmedien Wiesbaden

Reindl, Richard (2018): Onlineberatung? Neue Formen der Beratung in der Sozialen Arbeit; In: Blätter der Wohlfahrtspflege, Nr. 3/2018, S. 103–107

Reiser, Brigitte (2019): Datennutzung und Algorithmen human und wertorientiert gestalten; abgerufen am 10.12.2019 von http://blog.nonprofits-vernetzt.de/datennutzung-und-algorithmen-human-und-werteorientiert-gestalten/

Schneider, Diana/ Seelmeyer, Udo (2018): Der Einfluss der Algorithmen – Neue Qualitäten durch Big Data Analytics und Künstliche Intelligenz; In: Sozial Extra, Ausgabe 3/2018, S. 21–24

Schrolldecker, Irmgard/ Schneider, Andreas (2019): Digitale Kompetenzen von sozialpädagogischen Fachkräften: Benötigt – aber auch gesucht?; In: Sozialwirtschaft: Zeitschrift für Führungskräfte in sozialen Unternehmungen; Nr. 4/2019, S. 151–155

Schwarzer, Ralf/Jerusalem, Matthias (1999): Skalen zur allgemeinen Selbstwirksamkeitserwartung; In: Schwarzer, Ralf/ Jerusalem, Matthias (Hrsg.) Skalen zur Erfassung von Lehrer- und Schülermerkmalen. Dokumentation der psychometrischen Verfahren im Rahmen der Wissenschaftlichen Begleitung des Modellversuchs Selbstwirksame Schulen; Berlin: Freie Universität Berlin, S. 57–59

Seelmeyer, Udo (2019): Soziale Arbeit und ihre Doppelrolle in der digitalen Transformation; In: Sozialmagazin, Ausgabe 3/2019, S. 58–64

Siller, Friederike et al. (2020): Medienkompetenz und medienpädagogische Kompetenz in der Sozialen Arbeit. In: Kutscher/Nadia, Ley/Thomas, Seelmeyer/Udo, Siller/Friederike, Tillmann/Angela, Zorn/Isabel (Hrsg.): *Handbuch. Soziale Arbeit und Digitalisierung;* Weinheim Basel: Beltz Juventa

Szigetvari, Andras (2018): AMS bewertet Arbeitslose künftig per Algorithmus; Artikel auf derstandard vom 29.1.2020; abgerufen am 11.10.2018 von: https://derstandard.at/2000089095393/AMS-bewertet-Arbeitslose-kuenftig-per-Algorithmus

Stüwe, Gerd/ Ermel, Nicole (2019): Lehrbuch Soziale Arbeit und Digitalisierung; Weinheim Basel: Beltz Juventa

Stüwe, Gerd/ Ermel, Nicole (2019a): Digitalisierung und professionelles Handeln in der Sozialen Arbeit; In: Sozialmagazin, Ausgabe 3/2019, S. 90–97

Stüwe, Gerd/ Ermel, Nicole (2019b): Digitalisierung in der Sozialen Arbeit; In: Blätter der Wohlfahrtspflege, Nr. 1/2019, S. 8–11

Verbände der Freien Wohlfahrtspflege (2017): Digitale Transformation und gesellschaftlicher Zusammenhalt – Organisationsentwicklung der Freien Wohlfahrtspflege unter den Vorzeichen der Digitalisierung; abgerufen am 19.11.2019 von https://www.caritas.de/cms/contents/caritas.de/medien/dokumente/stellungnahmen/digitale-transformat/strateg._partnerschaft_digitalisierung_bagfw_bmfsfj_070917_ed.pdf?d=a&f=pdf

Wagner, Daniel (2018): Soziale Medien: Brücke in die digitale Welt von Stakeholdern und Klienten? In: Kreidenweis, Helmut (Hrsg.): Digitaler Wandel in der Sozialwirtschaft – Grundlagen – Strategien – Praxis; Baden-Baden: Nomos

Wagner, Daniel (2018a): Sozialwirtschaft im digitalen Wandel; In: Kreidenweis, Helmut (Hrsg.): Digitaler Wandel in der Sozialwirtschaft – Grundlagen – Strategien – Praxis; Baden-Baden: Nomos

Wagner-Schelewsky, Pia und Hering, Linda (2019): Onlinebefragung; In: Baur, Nina und Blasius, Jörg (Hrsg.): Handbuch Methoden der empirischen Sozialforschung; Springer Fachmedien Wiesbaden

Weber, Joshua (2019): Zur Mittäterschaft von Fachsoftware – Technikbezogene Wirkmächtigkeit am Beispiel softwarebasierter Aufnahme und Verarbeitung von Falldaten; In: Sozialmagazin, Ausgabe 3/2019, S. 66–72

Wendt, Wolf Rainer (2008): Geschichte der Sozialen Arbeit 1. Die Gesellschaft vor der sozialen Frage; Stuttgart: Lucius & Lucius

WHO (2018): Gaming disorder – Online Q&A; abgerufen am 6.11.2019 von https://www.who.int/features/qa/gaming-disorder/en/

WHO (2019): ICD-11 for Mortality and Morbidity Statistics; abgerufen am 6.11.2019 von https://icd.who.int/browse11/l-m/en#/http%3a%2f%2fid.who.int%2ficd%2fentity%2f338347362

Wittenhorst, Tilman (2018): Internetfilter an US-Schulen soll Suizidabsichten erkennen; Artikel auf heise online vom 27.8.2018; abgerufen am 2.1.2020 von https://heise.de/-4146161

Witzel, Marc (2019): Aneignung unter Bedingungen von Digitalisierung; In: Sozialmagazin, Ausgabe 3/2019, S. 44–50

WKO (2019): EU-Datenschutz-Grundverordnung (DSGVO). Überblick zum Datenschutz in Österreich; abgerufen am 17.1.2020 von https://www.wko.at/service/wirtschaftsrecht-gewerberecht/EU-Datenschutz-Grundverordnung.html

Wolff, Dietmar (2018): Was kann die Sozialbranche aus der Wirtschaft lernen – was besser nicht? In: Kreidenweis, Helmut (Hrsg.): Digitaler Wandel in der Sozialwirtschaft – Grundlagen – Strategien – Praxis; Baden-Baden: Nomos

Wolff, Dietmar/ Kreidenweis, Helmut (2020): IT-Report – Mehr Schatten als Licht; In: Sozialwirtschaft: Zeitschrift für Führungskräfte in sozialen Unternehmungen; Nr. 1/2020, S. 36–37

ZAM (2019): Lernzielkatalog für digitale Kompetenzen; abgerufen am 2.2.2020 von https://zam-steiermark.at/fileadmin/user_upload/zentrale/Digi_Woche_Lernzielkatalog.pdf

Zenhäusern, Patrick/ Vaterlaus, Stephan (2017): Digitalisierung und Arbeitsmarktfolgen – Metastudie zum Stand der Literatur und zu den Entwicklungen in der Schweiz; abgerufen am 2.1.2020 von https://www.ch2048.ch/pics/files/Polynomics_Arbeitsmarktfolgen_Bericht_20170621b.pdf

Zimmermann, Sophia/ Kunze, Florian (2019): Der digitale Wandel – Chance und Herausforderung für die Arbeitswelt; In: Schwuchow, Karlheinz, Gutmann, Joachim (Hrsg.): HR-Trends 2019. Strategie, Digitalisierung, Diversität, Demografie; Freiburg: Haufe Group

Kurzvita der Autorinnen

Lisa Apollonio, BSc, Jahrgang 1996, ist Soziologin und Sozialarbeiterin. Sie arbeitet als Workshopleiterin zu den Themen Arbeit, Gesellschaft, Medien und Konsum im Dialog der Arbeiterkammer Oberösterreich.

Helene Kletzl, MA MAS, Jahrgang 1987, ist Sozialarbeiterin, Akad. Ehe-, Familien- und Lebensberaterin, Dipl. Erziehungs- und Jugendberaterin und Grafikerin. Sie arbeitet mit arbeitssuchenden Jugendlichen und in der sozialpädagogischen Familienbetreuung in Linz. Sie ist als psychosoziale Beraterin und als Lehrende an der FH Oberösterreich am Campus Linz tätig.

DI(FH) Bettina Wächter, MA, Jahrgang 1984, ist Organisationsentwicklerin und Sozialmanagerin mit Schwerpunkt IT, Datenschutz und E-Learning. Sie arbeitet als nebenberuflich Lehrende an der FH Oberösterreich am Campus Linz, ist selbstständige Organisationsberaterin mit Schwerpunkt Qualitäts- und Prozessmanagement, Human Ressources und Datenschutz sowie Projekt- und Organisationsentwicklerin, Qualitätsmanagementbeauftragte und IT-Koordinatorin bei B7 Arbeit und Leben.

Stichwortverzeichnis